개정) 연간 미술 교육 프로그램에 의한

유아 미술 활동 지도

박정아 지음

창지사

머리말

유아 미술 활동 지도 책을 처음 펴낸 지 벌써 많은 시간이 흘렀습니다. 그동안 이 책을 통해 교육 현장에서 교사들에게, 교사가 되려는 학생들에게, 직접 지도해 보고 싶어 하는 부모님들에게 길잡이가 되어 활용된 점을 기쁘게 생각합니다. 최근 미술 교육에 대한 관심이 높아지고 교육 과정도 바뀌면서 그에 따른 새로운 미술 교육에 대한 요구에 힘입어 이번에 개정판을 출간하게 되었습니다. 그동안 강의를 하면서 느낀 점은 미술은 재능이 있어야만 잘할 수 있다고 생각한다는 점입니다. 그것은 잘 그리고 만들어내는 '표현'이라는 좁은 의미로만 해석하는 데 문제가 있습니다. 미술 교육은 화가를 기르는 것이 아닌 우리 생활에서 미술을 즐기고 느끼면서 삶을 좀 더 아름답고 풍요롭게 영위하는 데 그 목적이 있습니다. 특히 유아에게 미술 활동은 단순한 기능 습득이 아니라 자신의 감정과 생각, 느낌을 이야기하는 통로가 되고 통합적인 발달을 이끌어 줍니다. 따라서 미술의 기능에 앞서 유아의 발달 과정과 욕구를 이해하는 것이 필요합니다. 요즘에는 손쉽게 정보를 얻을 수 있다 보니 힘들이지 않고 수업 준비를 하는 경우를 봅니다. 수많은 정보가 있더라도 그것을 내 것으로 만들지 못한다면 아무런 소용이 없습니다. 유아의 수준에 맞는지, 적합한 재료인지, 유아의 발달에 도움이 되는지 등을 세심히 살펴야 하며 미리 활동을 해보고 수업 과정을 계획하는 것도 필요합니다.

새로 개정된 책은 교사뿐 아니라 유아 미술을 처음 접하는 분과, 부모님께서도 쉽게 접근할 수 있도록 연령별 발달 특징과 지도 방법, 재료 선택 등을 세분화하여 제시하였고 다양한 미술 재료와 용구 등도 상세히 설명하였습니다. 또한, 미술 활동은 연간 교육 주제에 맞춰 미술 영역별 활동이 가능하도록 구성하였으며 용구와 재료도 생활 주변에서 쉽게 구할 수 있고 다양하게 응용·활용하는 방법을 제시하여 풍성한 미술 수업이 될 수 있도록 하였습니다. 이번에 새롭게 추가한 프로그램은 공동 활동으로 유아들이 대·소규모 모둠으로 함께 활동할 수 있는 미술 활동을 소개하였습니다. 재미있는 공동 미술 활동은 환경 구성과 전시회까지 연결할 수 있습니다. 그리고 미술 감상 프로그램을 더욱 보강하였습니다. 다양한 미술 감상 프로그램은 유아의 미적 안목과 미적 감각을 기르는 데 좋은 활동입니다. 유아가 쉽게 접근할 수 있는 작품 선택과 감상 후 표현 활동으로 연계할 수 있도록 하였습니다. 마지막으로 통합적인 교육 활동으로 북아트를 소개하였습니다. 북아트는 책을 만드는 활동으로 글쓰기뿐 아니라 책을 디자인하고 직접 만들고 내용을 꾸미는 일에까지 유아가 직접 참여하여 세상에 하나밖에 없는 소중한 나만의 책을 만들어 볼 수 있는 활동입니다. 유아도 쉽게 만들어 볼 수 있는 간단한 형식의 북아트 프로그램으로 훨씬 생동감 있는 수업이 될 것입니다.

유아 개개인은 각각 생각도 다르고 느끼는 감정도 다릅니다. 교사는 활동을 준비할 때 각 유아의 특징을 이해하여 충분한 탐색 시간을 제공하고 유아의 수준에 맞는 재료와 활동으로 재구성하여 제시해야 합니다. 부모님들은 '전문적인 지식이 없는데...' 하고 자신감이 없는 경우가 많습니다. 그러나 환경을 마련해 주고 함께 하는 것만으로도 유아는 행복해합니다. 전문적으로 접근하지 않더라도 부모님과 함께하는 미적 경험은 유아의 성장에 크게 도움이 될 것입니다.

앞으로도 본서가 많은 현장에서 길을 안내하는 지침서가 되기를 바랍니다. 본서가 나오기까지 도움주신 분들에게 감사드리며 새롭게 개정을 제안하고 출판을 허락해 주신 창지사에도 깊은 감사를 드립니다.

2015년 7월

박정아

차 례

Chapter 4. 연간 미술 교육 프로그램 / 91

Chapter 5. 미술 감상 & 북아트 프로그램 / 309

Chapter 01

유아 미술의 이해

1. 유아 미술의 목적
2. 유아 미술의 발달 과정과 특징
3. 유아의 그림 표현 방법과 특징

1 유아 미술의 목적

유아 교육에서의 미술 활동은 단순한 기능 습득만이 아니라 인격을 육성하는 데 그 목적이 있다. 그리기, 꾸미기, 만들기를 통하여 유아의 욕구를 만족하게 하고 지적·신체적·사회적·정서적인 면에서 원만한 인격을 형성하는 것이다. 지적인 면에서 창작적 미술 활동은 유아의 상상력, 사고력, 추리력, 창조력을 훈련하고 발전하게 하는 데 도움이 된다. 여러 가지 재료를 가지고 주변의 사물을 표현하면서 만족을 느끼며 자신이 표현한 것을 통하여 이야기하게 됨으로써 언어능력은 물론 사고능력과 지각능력도 발달하게 된다.

미술 활동은 창의적인 자기표현을 통해 자신이 생각한 것을 나타내며, 자신의 개념에 따라 그리고 붙이고 만들면서 미적 감각을 예민하게 사용하게 된다. 또한, 자신이 그리고 만들어 낸 작품을 통하여 의사 전달을 할 수 있으며, 다른 사람의 감정과 생각을 읽어낼 수 있는 정서 활동을 풍요롭게 할 수 있다. 미술 활동은 시각과 촉각, 청각, 후각 등 모든 감각을 동원하게 되므로 어떤 영역보다 개인 성장의 기본이 된다.

미래 사회는 정보화·다양화·전문화·개성화를 추구하며 창의적으로 사고할 수 있는 사람을 필요로 한다. 미술은 다양한 표상 형식의 표현 활동을 통하여 가장 효과적으로 표현 능력을 발달시킬 수 있다. 유아 미술은 다양한 매체를 통하여 느낌, 감정, 인상을 표현하는 데 재료나 환경을 충분히 마련해 주고 교사의 적절한 지도가 이루어진다면 점진적으로 창의성이 길러지게 된다. 그리고 만들고 찢어 붙이는 등의 모든 미술 활동의 과정은 신체의 발달로도 연결된다. 유아가 집중하여 활동에 임하는 그 순간에도 신체의 발달이 이루어지고 있으며 점차 소근육이 훈련되고 강화된다. 이것은 초등학교에 들어가 쓰기 학습을 할 수 있는 준비 활동이 되기도 한다.

이러한 점에서 볼 때 유아 미술 교육은 유아의 지적·정서적·창의적·신체적 발달을 도모할 수 있는 중요한 부분이다. 아직 언어가 발달하지 않은 유아기에 미술은 자신의 표현이며 세상을 탐색하고 창조적 본능을 만족시킬 수 있는 훌륭한 교과이다.

1) 자기 이해를 증진시키며 미적 정서를 기를 수 있다.

유아 미술 교육은 기술적인 표현력을 높이는 데 목적이 있는 것이 아니라 미술 활동을 통하여 균형 잡힌 전인적 인격 형성을 목표로 하고 있다. 그러므로 미술 활동을 통하여 유아의 욕구를 만족하게 하고 미적 정서를 기른다는 것은 아주 중요한 목표가 된다. 유아는 자기 생각이나 느낌, 정서 등을 미술 활동을 통해 표현하게 된다. 그것은 유아가 본 것만을 그리는 것이 아니라 자기가 보고 느끼고 생각하고 경험한 모든 것을 표현하는 것이다. 그러므로 미술 활동은 훌륭한 자아 표현의 수단이 된다. 유아는 자신의 표현뿐 아니라 다른 사람의 작품에 대한 생각과 느낌을 나누고 비교하고 평가해 보는 과정에서 서로의 생각이나 표현 방법에 흥미와 관심을 가지게 되며 궁극적으로 심미감을 발달시키고 상대방의 감정도 이해하고 배려하게 된다.

유아에게 미술을 통한 자기표현은 자신의 감정을 나타낼 수 있는 수단이 된다. 그림 속에서는 유아가 원하는 어떤 것도 가능하며 그림을 통하여 자신의 분노, 기쁨, 슬픔 등을 표현하고 어려움이 있다면 그것을 극복하게 해 준다. 더구나 언어가 미숙한 유아에게 미술을 통한 표현은 정서를 위한 아주 중요한 매개체가 될 수 있다. 유아의 표현을 보면 자신이 중요하게 생각하는 부분은 확대하거나 강조하고 중요하지 않은 부분은 생략하거나 작게 표현한다. 유아의 이런 특징은 형태뿐 아니라 색으로도 나타난다. 유아는 색을 통해 자신의 감정을 드러내거나 희석하기 때문에 유아의 그림은 감정에 의한 무의식이 강하게 표출되어 나타난다. 유아는 미술을 통하여 자신에게 쌓여 있는 내면의 감정을 표출함으로써 정서를 순화하고 함양하는 것이다.

2) 창의적 사고의 발달을 돕는다.

유아기에는 상상력이 풍부하게 이루어지며 자연과 주변 사물에 대한 호기심과 심미감이 발달한다. 미술 활동을 통한 탐색과 표현은 자신의 내부에서 떠오르는 생각과 느낌을 자발적으로 표현하고 다양한 표상 활동을 통하여 창의성을 발달하게 해 준다. 유아는 그림을 그리는 동안 사물에 대한 고정관념보다는 사물의 형태, 표현 매체에 대한 나름대로의 욕구를 가지고 표현한다. 한 개의 동그라미를 가지고 어떤 것을 그리려 할 때 과일, 공, 태양, 동물의 머리, 얼굴 등 무엇이든 연상하여 자기 나름대로 그리게 된다. 즉, 개성 있는 독자적 표현을 통해 자기 스스로의 생각을 솔직히 나타낼 수 있다.

자신이 가지고 있는 이미지를 매체를 통하여 자신의 개성과 상상력을 독창적으로 표현하게 될 때 이것을 '창의성'이라 한다. 유아의 창조는 경험과 상상에 의하여 표현되므로 교사는 유아의 상상력을 자극하고 다양한 경험을 통하여 유아가 자기 생각을 표현하는 데 도움을 줄 수 있어야 한다.

미술 활동은 시각을 통해 환경에서 민감하게 대상의 특징을 읽고 이해하는 활동이며, 유아의 자유롭고 융통성 있는 활동을 장려하고 시지각을 통해 분석한 대상을 종합적으로 이해하며 느끼는 활동이다. 이처럼 미술 교육은 창의적 사고를 돕는 매우 효과적인 교과이다.

3) 미적 안목을 높여 주고 생활을 아름답게 영위하게 한다.

유아 미술 교육의 목적은 화가를 기르는 데 있지 않다. 대부분의 유아는 미술의 생산자가 아닌 소비자로서 살아가게 된다. 우리가 입거나 먹는 것부터 물건을 사는 것까지 미술이 없는 곳이 없다. 이러한 생활 속에서 미적 안목을 기르는 일은 중요하며 아름다움의 추구는 삶의 질을 결정하는 아주 중요한 요소가 된다. 미적 안목이란 '미적으로 사물을 분별할 수 있는 눈'을 말하는데, 시각적 환경 속에서 살아가는 우리는 수많은 대상을 끊임없이 보게 된다. 이렇게 계속되는 시각적 현상 속에서 의미 있는 미적 대상을 발견하는 일부터 미술적인 것을 선택하고 환경을 개선하는 일에 이르기까지 모두 미적 안목이 요구된다. 따라서 미적 안목은 미술 교육에서 가장 중점을 두고 길러 주어야 한다.

미적 안목을 기르기 위한 효과적인 교육 방법으로 제시된 것이 바로 미술 감상 교육이다. 미술 감상 교육은 미술의 이해, 표현, 감상의 통합적인 수업 과정이 이루어져야 하며 미술의 기본적이고 본질적인 내용 선정과 체계적인 지도 과정, 직접적인 경험을 통해 유아 스스로 체득하고 이해할 수 있는 수업이 되어야 할 것이다.

미술 교육은 즐거움이나 아름다움과 직결되어 있으므로 미술 활동을 통하여 얻은 미적 경험은 독창적 표현의 힘이 되며 조형품을 생활에 활용하는 태도를 기르게 한다. 미술은 유아가 좋아하는 과목 중의 하나이다. 미술 시간이 유아에게 자유를 주고 스스로 자기표현의 기회를 주며 그러한 자기 생각과 표현을 격려하기 때문이다. 미술을 통해 아름다움을 직접 체험하고 이해하고 감상하며 미적 안목을 기름과 더불어 미술 활동을 통한 즐거움은 미술이 생활의 윤활유가 되게 할 수 있다. 미술의 본질적인 기능인 아름다움과 즐거움을 통해 삶의 질을 향상시킬 수 있는 것이다.

4) 재료 사용 능력과 문제 해결 능력을 기른다.

유아의 미술 활동 대부분은 재료와 용구에 의하여 자기 생각이나 느낌을 표현하게 된다. 재료와 용구의 기능을 잘 이해하여 유효하게 선택할 수 있는 능력을 기르고 적절한 재료와 용구를 이용한 미술 활동은 유아에게 만족감과 즐거움을 준다. 오감을 자극하는 여러 가지 재료는 감각적 자극을 통해 뇌의 발달을 가져오고 신체적으로도 협응력을 길러 준다. 따라서 재료와 용구는 저항감이 없고 용도 면에서 유아에게 알맞은 것을 선택해야 할 것이다.

유아의 미술 활동은 탐색 과정, 표현 과정에서 여러 가지 문제를 만나게 된다. 유아는 그러한 문제를 해결하기 위하여 다양한 방법을 사용하고 자기 생각을 실천해 보게 된다. 유아는 실패를 두려워하지 않는다. 자기 생각을 적극적으로 도입해 보며 그 속에서 자신의 지식을 수정하고 보완하여 새로운 지식을 만들어 나가는 놀라운 능력을 지녔다. 자신의 문제를 스스로 해결하고 처리하려면 문제 해결에 필요한 지식이나 자료를 효율적으로 처리하고 조직하는 능력이 요구된다. 미술 교육은 자유로운 표현과 개성을 존중하며 창의적인 표현을 장려하는 분위기 속에서 다양한 문제 해결 능력을 키울 수 있는 경험을 제공해 준다.

5) 좌우 뇌의 균형 있는 발달과 지적 성장을 돕는다.

어린 유아의 뇌는 아직 우뇌와 좌뇌로 나누어지지 않다가 점차 성장해 가면서 우뇌와 좌뇌로 나누어지게 된다. 이때 어느 한쪽 뇌가 더 발달할 수 있는데, 이것은 어떤 교육을 받았는지에 따라 달라진다. 우뇌와 좌뇌는 서로 다른 특성을 가지며 하는 일도 다르다. 우뇌는 직관적·시각적·종합적·공간적·총체적이며 좌뇌는 논리적·언어적·분석적·추상적·수리적 특성을 가진다. 유아는 우뇌로 사물을 인지하기 때문에 사물을 이름이 아닌 모양으로 구분한다. 즉, 유아는 미세한 형태 변화를 인지할 수 있다. 언어나 수 등 좌뇌에 편중된 교육 속에서 미술은 우뇌를 자극하고 발달시킬 수 있는 효과적인 교과이다. 미술은 주로 우뇌와 관련된 활동이며, 미술 활동을 통해 뇌를 균형 있게 계발할 수 있다. 뇌의 균형 있는 발달은 균형 있는 사고와 행동을 의미하므로 조화로운 인간성 계발을 위해서 미술 교육은 중요하다.

유아의 그림을 보면 나이에 따라 일정한 과정을 거쳐 발달함을 알 수 있다. 처음에는 근육의 움직임부터 시작하여 그림에 이름을 붙이고 점차 재현적 의미를 가지게 된다. 그것은 다시 상징적 표현을 거쳐 사실적 표현으로 발달한다. 이러한 일련의 과정은 자신의 성장을 표현하는 중요한 단서가 된다. 유아는 사물에 대해 많은 경험을 하고 흥미와 의아심을 갖게 되면서부터 그리는 것에 대한 이미지도 달라진다. 어떤 사물 현상에 대하여 자신과 동일시하고 시각적으로 생각해 낼 수 있게 되면서부터 지적인 인지 영역이 넓어지게 된다. 즉, 그림을 그릴 때 대상을 생각하게 되며 자신의 경험을 통해 얻은 정보를 표현하게 됨으로써 사물을 이해하는 지각이 발달하고 사물과 사물과의 관계를 알고 경험을 재현하게 된다.

2 유아 미술의 발달 과정과 특징

1) 평면 표현 발달 단계

미술을 통해 바람직한 교육을 하려면 먼저 아동의 성장 변화에 따른 표현의 발달 단계와 표현 유형, 그리고 인지 및 창의성과의 유기적 관계를 알아보는 것이 중요하다. 아동의 성장 과정마다 그 특징이 드러나듯이, 그림의 발달에도 순서와 단계가 있다. 개인의 성장 속도, 환경, 소질, 의욕, 개성 등이 차이가 있으므로 똑같이 적용하기에는 어려움이 있으나 아동 그림의 발달 과정을 연구·분석해 봄으로써 시기마다 보편적으로 나타나는 유아의 특성과 묘화 본질을 알 수 있으며, 미술 표현 발달 과정에 대한 올바른 이해를 통해 그들이 어떠한 과정을 통해 변화되는지를 판단할 수 있다. 그러므로 여러 심리학자와 교육학자, 미술교육학자는 아동의 특성을 더욱 정확히 관찰·연구하기 위해 이들의 미술 활동에 많은 관심을 기울였다.

발달 과정에 대한 연구는 시릴 버트(Cyril Burt), 빅터 로웬펠드(Victor Lowenfeld), 로다 켈로그(Rhoda Kellogg) 등 많은 학자에 의한 학설이 있으나 대부분 비슷한 유형으로 나타나고 있다. 로웬펠드는 미술을 통한 아동 발달을 6단계인 난화기(2~4세), 전도식기(4~7세), 도식기(7~9세), 여명기(9~11세), 의사실기(11~13세), 사춘기(13세 이후)로 나누었고, 김정은 우리나라 아동의 성장 발달을 기초로 하여 신생아기(0~3세), 난화기(3~5세), 전도식기(5~7세), 도식기(7~9세), 여명기(9~11세), 의사실기(11~13세), 사춘기(13~15세)의 7단계로 구분하고 있다. 여기에서는 로웬펠드의 학설을 중심으로 정리해 보고자 한다.

(1) 난화기(The Scribbling Stage)

이 시기 유아는 주로 연필이나 크레파스로 나름대로의 그림을 그리며 자유롭게 끄적이게 된다. 연령은 2~4세에 해당하며 다음의 3단계로 나뉜다.

❶ 마구 그리는 난화기(disordered scribbling)

난화의 초기 단계는 선들을 종이 위에 자유롭게 여러 방향으로 마구 그리는 것이다. 팔을 앞뒤로 반복하며 그리게 되는데 통제할 수 있을 정도로 근육이 잘 발달하지 못했기 때문에 좁은 반경 안에서 반복하여 그리게 된다. 작은 그림으로 보일지라도 유아는 자신의 몸을 최대한 사용하여 커다란 동작으로 난화를 그리는 것이다. 이러한 표현은 유아의 생리학적 신체 성장을 나타내는 총체적 발달의 자연스러운 과정이다.

❷ 조절된 난화기(controlled scribbling)

낙서를 시작한 후 약 6개월 정도가 지나면 자신의 움직임과 종이 위에 그려진 흔적 사이에 관련이 있음을 발견하게 된다. 이 시기는 자신이 그리고 있는 흔적들에 대한 시각적인 통제를 할 수 있음을 의미하므로 매우 중요한 단계이다. 유아가 자신의 동작에 대한 조절 능력을 얻는다는 것은 근육 운동 지각으로 경험해 왔던 것을 시각적으로 경험할 수 있음을 의미한다. 대부분의 유아는 이 단계에 굉장히 열중하게 되는데 그들의 시각적인 발달과 운동 근육 발달 사이의 조화가 매우 중요한 성취이기 때문이다.

❸ 이름 붙이는 난화기(naming scribbling)

조절된 난화기의 다음 단계도 유아의 발달에 매우 중요하다. 이 시기는 자신의 난화에 이름을 붙이기 시작하는 단계이다. 어른이 보기에는 전혀 그렇게 볼 수 없을지라도 무엇인가 그려 놓고 "이것은 엄마야."라고 말한다. 난화에 이름을 붙이는 것은 유아의 사고 변화를 보여 준다. 이전에는 움직임으로 만족하였으나 이제는 이러한 움직임을 주변 세계와 연결지으려고 한다. 자신이 그려 놓은 것과 대상 사이에 관계를 볼 수 있게 되고, 이제는 의도적으로 그리게 된다.

그림의 특징

- 동심원으로 움직임이나 욕구를 나타내려 한다.
- 무의식적인 표현으로 자기 행위의 흔적을 느낀다.
- 마구 그린 난화 위에 의미를 붙이려 한다.
- 원형에서 방사선을 붙여 점차 사물의 형태를 만들어 간다.

(2) 전도식기(The Preschematic Stage)

난화기가 지나면서 바로 전도식기로 옮아가는데, 로웬펠드는 이 시기의 연령을 4~7세까지로 구분하고 있다. 첫 묘사적 시도로 주변 세계에 대한 어떤 관계가 있는 형태를 의식적으로 만든다. 아직은 재현력이 부족하여 뜻대로 되지 않기도 하지만 일단 자기 생각과 비슷한 것이 그려졌을 때는 만족해한다. 보통 사람이 처음에 나타나는 상징이며 전형적으로 원을 머리로, 두 개의 수직선을 다리로 그린 두족인을 그리게 된다. 이것은 사실적으로 그리려는 첫 시도이다. 이 시기의 유아는 끊임없이 자신의 개념을 새롭게 형성시켜 가므로 매일매일 '사람'에 대한 표현이 달라질 수 있다. 이런 끊임없는 추구는 차츰 각 유아 나름의 표현 양식으로 발전해 가며, 이러한 양식이나 도식은 7세까지의 아동화에서 쉽게 발견할 수 있다.

전도식기에는 색의 차이보다는 형태의 차이를 먼저 인식하는 것으로 알려져 있으며, 정서적으로 민감하게 반응하는 유아는 미술 작품에도 민감한 감수성이 그대로 나타나 부분이나 사물을 과장하여 나타냄으로써 자신의 정서를 표현한다. 이 시기의 공간 개념은 실제성과는 상관없이 자신을 중심으로 한 자신의 감정과 관련된 부분을 더 중요하게 여기므로 세부 묘사는 전체에서 분리되면 그 의미를 잃는다. 이런 관계는 색채에도 적용되어 기계적으로 색을 선택하는 난화기와는 달리 정서적으로 특별히 흥미를 끄는 색을 선택하는 경우가 많아 빨간색 얼굴이나 보라색 구름 등과 같은 표현을 찾아볼 수 있다. 이처럼 고정된 관념 없이 자유로운 사고의 융통성을 지닌 이 시기에는 유아의 창의성 발달에 많은 주의가 필요하다. 따라서 색의 사용에 즐거움을 느끼는 유아에게 적절한 색을 정해 주거나 유아가 사용한 색에 대하여 평가하는 것은 유아의 자기표현을 방해하는 것으로 유아가 색과 자신과의 관계를 발달시킬 수 있는 충분한 기회를 주어야 한다.

그림의 특징

- 의식적인 형태의 창조를 시작한다.
- 주변의 대상 중에서 관심이 많은 것부터 소재를 선택한다.
- 색채는 사물과의 관계보다는 정서적으로 사용한다.
- 선명한 색에 관심이 많고 장식적으로 사용한다.
- 자기중심적인 그림과 대상과의 관계를 찾으려고 한다.
- 공간이 자신을 둘러싸고 있는 것으로 인식한다.

(3) 도식기(The Schematic Stage)

이 시기는 7~9세까지로 사물에 대한 개념이 형성되는 시기이다. 따라서 사물을 표현하는 독자적인 표현 방법이 나타난 일정한 표현 '도식'을 형성한다. 로웬펠드는 도식이란, 의도적인 경험으로는 변화시키지 못할 정도로 계속 반복해서 이루어진 아동의 개념 표현으로 매우 개별적인 것으로 보았다. 이러한 도식은 색, 공간 등에 대해서도 나타난다. 특히 주목할 것은 공간 관계의 질서를 발견하는 것이다. 이제는 자신을 중심으로 주위의 것들이 둘러싸고 있다고 생각하지 않으며 "나는 땅 위에 있고 나무도 집도 땅 위에 있다."고 생각하게 된다. 이제 아동은 '기저선'이라 불리는 상징선을 그어 하늘과 땅을 구별하고 그 기저선 위에 모든 것을 놓음으로써 공간 관계에 대한 질서를 인식하고 있음을 표현한다. 기저선에 자기 자신을 그리는 것은 자신을 다른 사람과 관련지어서 보기 시작했음을 의미하며 기저선을 쓰는 것은 이 시기의 아동에게는 매우 보편적인 현상이다.

이 시기의 표현 도식은 유아의 성격이나 사물에 대한 개념에 따라 다르게 나타나며, 특별한 의미를 지닌 경험에 따라 중요한 부분을 표현하고 상징을 변화시키며 중요하지 않은 부분은 축소하거나 생략한다. 이 시기에는 적극적이고 생기가 넘치는 표현 활동을 하게 되며 사물을 보는 관찰력도 발달하여 어느 정도 객관적인 표현을 하려는 의욕도 나타난다. 즉, 왕성한 주관적 표현 의욕과 어느 정도의 객관성이 공존하는 시기라고 볼 수 있다. 그리고 완성된 작품을 비판적으로 보려 하므로 아동 상호 간에 미치는 영향이 크며 이로 인하여 열등감을 느끼는 아동이 있을 수 있다.

그림의 특징

- 현실을 재현하려는 시도를 하게 된다.
- 기하학적인 선의 표현에서 대상과 가깝게 표현하려 한다.
- 사물과 사물과의 관계를 인식한 기저선이 나타난다.
- 단일 공간에 다른 시간에서 일어났던 일을 연속적으로 표현한다.
- 객관성에 관심을 갖는 과도기로서 시각의 이동 표현이 나타난다.

(4) 여명기(The Gang Age)

이 시기는 9~11세까지로 자기 중심성이 사라지고 자아의식이 한층 더 확대됨에 따라 기하학적인 선에 의한 도식적 표현에서 사실적 표현의 경향이 나타나기 시작한다. 미술에서의 사실이란 물체 그 자체의 재현이 아니라 자기 경험의 재현이다. 공간적 표현에서도 중첩의 표현을 하며 자기중심적인 나열적 구성의 단조로운 조화에서 탈피하고 자신이 보고 느낀 그대로의 색과 대상과의 관계가 사실적으로 나타나게 된다.

그림의 특징

- 그룹 속에서의 활동과 공동 제작에 대한 활발한 의욕을 보인다.
- 도식적 표현에서 사실적이며 객관적인 표현의 경향으로 변한다.
- 명암, 질감, 양감 등에 관심을 나타내기 시작한다.
- 사회적 독립에 눈을 뜨게 되며 혼자보다는 무리 지어 놀기를 좋아한다.

2) 연령별 특징 및 지도 방법

(1) 3세

2~3세가 되면 자신의 신체가 어떻게 움직이고 세상이 어떻게 작용하는가에 대한 감각적 자극을 얻기 위해 다양한 움직임을 반복한다. 물건을 집어 던지고, 장난감을 밀고 당기며, 계단을 오르고, 바깥세상을 탐험하는 등의 과정을 통해 수많은 감각과 접하게 되며 감각 통합 과정을 거쳐 외부 세계에 대한 지각의 범위를 넓혀 가게 된다.

이 시기에는 의미 없는 팔의 움직임에서 의미 있는 난화로 발전하여 근육 발달로 인한 수평, 수직, 원 등이 나타나게 된다. 또한, 그리는 것에 어느 정도 의도적이거나 의식적인 조절력을 갖게 된다. 점과 선에 의미를 부여하여 자기 생각을 그리게 되고, 그린 것에 상징성을 띠게 된다. 가장 두드러진 특징으로 동그라미에 긴 선을 연결하여 팔다리를 표현한 두족인을 그리게 된다. 인물의 각 부분을 인식하지만, 완전히 구분하여 표현하는 것은 어렵다. 근육 발달도 급격히 이루어져 손과 눈, 언어의 기능이 종합적으로 발달한다. 여러 가지 조형 재료에도 관심을 나타내며 조형 도구들을 다룰 수 있게 되고 다양한 재료 사용에 즐거움과 만족감을 느낀다.

지도 방법

- 여러 가지 자극을 줄 수 있는 도구나 재료를 활용하여 다양한 감각을 느끼게 한다.
- 난화는 유아의 기본 욕구이며 조형 활동의 밑바탕이 된다. 그러므로 충분한 기회를 제공하여 마음껏 표현해 보도록 한다.
- 유아가 관심 있어 하는 놀이와 연결하여 흥미를 느낄 수 있도록 한다.
- 매체에 저항이 있는 경우 점차적으로 접근하도록 한다. 예를 들어 밀가루 놀이 → 밀가루 점토 → 찰흙 등의 순서대로 감각적 자극을 넓혀 가도록 한다.
- 이 시기 유아는 대체로 충동성이 강한 경우가 많으므로 처음에는 안전한 제한이 필요하다. 즉, 어떤 틀을 마련해 주고 그 안에서는 마음껏 해 볼 수 있게 하는 것이다. 이 틀은 점차적으로 없애면서 주도적인 통제력을 기를 수 있게 한다.

- 초기 신뢰감 형성이 중요하며 긍정적인 관점을 가지고 수용해 주도록 한다.

미술 재료

- 비정형화된 재료 사용에서 점차적으로 정형 재료를 사용한다.
- 물감이 흘러서 자기 흔적이 없어지는 것보다는 과슈나 포스터 물감과 같이 선명한 색과 붓질을 확인할 수 있는 것이 좋다.
- 화지는 신문지처럼 인쇄된 것은 피하고, 흔적을 바로 확인할 수 있는 흰색과 같이 깨끗한 종이를 사용한다.
- 찰흙, 밀가루 반죽 등 찢고 뜯어보고, 뭉칠 수 있는 재료로 표현의 즐거움을 느끼게 한다.
- 다양한 질감을 느낄 수 있는 골판지, 천, 사포 등의 콜라주 재료로 감각의 통합적 과정을 도와준다.

(2) 4세

무질서한 난화 대신에 단순한 선을 그리게 되며 점차 상징성을 가진 사람, 동물 등을 그리게 된다. 이 시기의 유아는 본 것을 그리기보다 주로 아는 것을 그린다. 형태 그리기에 몰두하여 색칠에는 별 관심을 보이지 않는 경우가 많다. 형태가 두드러지게 변화하여 어떻게 그리냐고 자꾸 묻게 된다. 처음에는 그림 속 대상들이 질서가 없으나 경험을 쌓는 동안 위치가 정돈된다. 이 시기에는 점차 자신이 좋아하는 색이 생기는데, 주관적인 감정에 따라 색을 선택한다. 형태에서도 왜곡이나 생략이 나타나고 정서적인 관계가 공간의 관계로 나타나게 된다. 예를 들어 자신과 중요한 대상은 크고 가까이, 중요하지 않은 대상은 생략하거나 작게 그린다.

이 시기 특징은 언어가 발달하여 언어로 사물을 생각하고 자신의 행동도 언어에 따를 수 있게 된다. 그림을 그릴 때도 손을 움직이는 행동에 의미를 두는 것에서 벗어나 언어로 이미지를 만들어 내게 된다. 즉, 손이 먼저 그리기 시작하는 것이 아니라 머릿속에서 이미지가 떠오름으로써 손이 움직이고 그림이 되는 것이다. 그림의 특징은 태양이 나 꽃 등에 눈·코·입을 그려서 모든 사물이 사람처럼 감정이 있다고 생각하는 의인화 표현이 자주 나타난다.

지도 방법

- 상징화 능력을 길러 준다. 상징화 능력이란 대상을 모방함으로써 대상을 연상하게 되고, 연상은 대상이 갖는 속성을 지각하여 하나의 상으로 정리되는 것을 말한다. 예를 들어 아빠를 흉내 내면서 아빠의 몇 가지 상징이 구체화되고 그 특성을 표현할 수 있게 된다.
- 재료 사용에 대한 기술을 습득한다. 크레파스 올바로 쥐기, 붓 사용 방법 익히기, 색종이 자르기, 찰흙으로 간단한 모양 만들기 등 효과적으로 재료와 용구 사용에 대한 통제력을 기를 수 있게 한다.
- 놀이를 통한 미술 활동으로 미술에 대한 흥미를 높이고 만족감과 자존감을 가질 수 있도록 한다.
- 다양한 공동 작업 활동으로 사회성을 습득하고 상호 작용하는 방법을 익힐 수 있게 한다.

미술 재료

- 3세 시기에 단순히 느낌 위주로 재료를 대했다면 이 단계에서는 재료를 스스로 사용할 수 있게 되므로 재료에 따른 결과와 느낌 등을 알 수 있다. 따라서 질감이나 색감이 다양한 종이 자르기, 풀칠하기, 구성하기 등 다양한 활동으로 이끈다.
- 물감, 크레파스, 분필, 콜라주 재료 등 평면 활동을 위한 재료와 점토, 모빌, 폐품을 이용한 만들기, 자연물 등 입체 활동을 위한 재료도 익혀 볼 수 있다.

(3) 5세

상징적 표현에서 무엇을 그렸는지 알 수 있는 그림으로 발전한다. 사람을 그리더라도 옷을 입은 모습을 그리고 사물과 사물의 관계에도 관심을 보이며, 언어의 비약적인 발전으로 개념의 확대를 가져오며, 개별의 구체적인 사람이나 사물을 생생한 이미지로 불러일으키는 언어 작용에 의해 '내용을 가진 표현'으로서의 그림을 그리게 된다. 이렇게 언어는 유아가 내용이 있는 표현으로서의 그림을 발달시키는 주도적인 역할을 맡는다.

끄적거리던 상태가 사라지고, 재현의 욕구가 의식적 창조 과정을 통해 새로 발견한 관계 속에서 새로운 개념을 끊임없이 추구하며, 이러한 가운데 개인적인 형태 상징이 계속 변화되어 간다. 이 시기는 자기 경험을 주로 표현하기 때문에 사물 자체나 한 장면만 그리게 된다. 또한, 자기 눈앞에 없는 것을 떠올려 그릴 수 있다. 즉, 유아에게 엄마를 그려 보라고 하면 지금 눈앞에 없는 자신의 엄마를 떠올려 그릴 수 있게 되는 것이다. 이때 엄마에 대한 이미지는 언어 작용에 의한 생각으로 만들어진 이미지로서의 엄마이며, 다른 사람과 구별되는 나의 엄마에 대한 특징이다.

5세가 되면 점차적으로 대상에 대한 도식이 나타나게 되며 자신과 중요한 부분은 과장하고 의미 없는 부분은 생략하며, 색채 사용은 상징적이고 현실의 색과 관련이 없다.

지도 방법

- 유아의 표현과 이야기를 최대한 들어 주고 인정해 주는 것이 좋다. 또한, 결과보다는 과정을 중요하게 생각하며 격려해 주도록 한다.
- 가급적 유아가 주도하도록 하되 학기 초에는 제한된 재료를 제공하여 충분한 탐색이 이루어지도록 하고 학기 말로 갈수록 점차 비지시적인 방법을 사용하여 스스로 재료나 방법, 주제 등을 선택하여 표현하도록 한다.
- 유아의 시각적 표현을 언어화시킨다.
- 긍정적 자기 개념이 확립되는 시기이므로 자신의 얼굴 관찰하여 표현하기, 신체 본뜨기 등의 활동을 계획해 본다.
- 재료의 특성을 이해하여 적절히 활용할 수 있도록 표현의 폭을 넓혀 준다.

미술 재료

- 유아의 손이 닿는 곳에 다양한 미술 재료, 즉 색연필, 사인펜, 매직, 크레파스, 물감, 찰흙 등 유아가 그리거나 만들고 싶을 때 자유롭게 표현할 수 있는 여건을 만들어 준다.
- 여러 가지 안전한 폐품, 종이류, 천, 나무토막, 블록 등 입체로 표현해 볼 경험을 가질 수 있도록 해 준다.

(4) 6세

다양한 사물을 자신만의 방식으로 표현하기 위해 수많은 그림을 그리는 시기이다. 이러한 자신만의 그림 표현 방식을 '도식'이라고 하며, 도식은 형태뿐 아니라 색에도 나타나게 된다. 즉, '갈색의 나무에 초록색 잎' 같은 식의 도식적 표현을 하게 된다. 이 시기에는 재미있는 표현 방법들이 많이 나타나는데, 이야기 전개식, 설명식으로 그림을 그리기 때문에 사물을 한 방향이 아닌 다양한 방향에서 본 것을 한꺼번에 그리기도 한다. 예를 들어 기찻길은 위에서 본 모습, 기차는 옆에서 본 모습을 함께 그리는데, 여러 시점에서 본 것을 한 화면에 표현하는 것이다. 또 한 가지 재미있는 것은 마치 속이 들여다보이는 것처럼 외부 모습과 내부 모습을 함께 그리는 투시적 표현을 한다. 이것은 자신이 알고 있는 바를 자유롭게 나타낼 때 주로 나타난다.

이전에 '이곳에 무엇이 있다'는 식의 존재 상징으로서 나열하여 그렸다면 이 시기에는 하나의 선을 긋고 그 위에 모든 사물을 나열하여 공간 표현을 하게 된다. 이 선은 땅을 표현하는 기저선으로 자신의 공간을 의식했다는 증거가 된다. 또한, 멀리 있는 것은 위, 가까이 있는 것은 아래에 그리고 겹치거나 잘리지 않게 그린다. 인물에서도 남녀의 차이가 나타나고 동물 그림에서는 몸체와 머리, 귀, 꼬리 등의 특징을 자세히 표현한다.

지도 방법

- 그림을 통하여 자신을 이야기하면서 사고의 폭을 넓혀 가므로 그린 것에 대해 이야기할 수 있는 기회를 많이 부여한다.

- 유아의 그림에서 특징적인 점을 찾아 칭찬해 주어 자신감을 느끼게 한다.
- 사회성이 많이 발달하는 시기이므로 공동으로 하는 미술 활동을 계획해 본다.
- 유아는 자신의 경험이나 감각, 사고, 지식을 나름의 독특한 미술적 형태로 바꾸는 능력이 있으므로 이런 특성을 자극하는 동기 부여가 이루어져야 한다. 따라서 교사는 구체적인 동기 부여로 유아의 느낌과 경험을 찾아가도록 이끌어 준다.
- 다양한 입체 표현의 기회로 공간지각력을 기를 수 있도록 한다.

미술 재료

- 가위, 풀, 테이프, 접착제, 미술 매체 등 정확한 용구 사용법을 꾸준히 지도한다.
- 각 용구나 재료에 따른 특성을 알 수 있도록 하고, 각 특성에 맞는 표현 지도를 경험해 볼 수 있도록 한다.
- 스케치북에서 벗어나 소포지, 장판지, 벽지, 색상지 등 다양한 매체를 통하여 표현의 폭을 넓힐 수 있도록 한다.
- 여러 가지 폐품을 준비하여 각각의 모양과 특성에 맞는 표현을 유도한다.
- 지점토, 흙점토, 컬러 점토, 철사, 모루 등과 같이 모양을 마음대로 변형할 수 있는 재료로 눕히지 않고 서 있는 입체 표현을 해 볼 수 있도록 한다.

(5) 7세

이 시기 유아는 형태가 있는 그림을 그리게 되며 선을 훨씬 정확히 사용하고 대부분의 사물을 일정한 형태로 잡아서 그리게 된다. 대상과 그림과의 관계를 분명하게 설정하는 상징적 표현, 즉 도식이 본격적으로 개발되고 완성된다. 이렇게 도식을 개발할 때는 똑같은 그림을 반복할 수 있으며 교사는 도식의 개발을 촉진시키고 도식이 완성되면 다양하게 분화시켜서 사물에 대한 사고의 폭을 넓혀 갈 수 있도록 도와주어야 한다.

관찰하는 능력이 발달하게 되어 세밀한 그림, 완성도가 높은 그림을 그리게 된다. 공간 개념이 더욱 발달하여 기저선 표현이 활발하게 나타나는데, 땅을 나타내는 기저선

(base line)뿐 아니라 하늘을 나타내는 하늘선(sky line) 등도 표현하게 된다. 알고 있는 것을 그리는 단계에서 보이는 대로 그리는 단계로 넘어가게 된다. 그림에 자신감이 없는 유아는 그리지 않으려 하거나 익숙한 것을 반복하여 그리려 한다. 재료 사용 능력의 발달로 정교한 자르기도 가능하게 되고 여러 가지 용구에 흥미를 느끼고 다루게 된다. 앞서 보였던 의인화, 공존화 등 표현 특징들이 사라지며 점차 사실적 표현을 하려고 한다.

지도 방법

- 관찰과 느낌의 표현이 중요한 시기이므로 보는 방향을 달리하여 대상을 좀 더 세밀히 관찰하여 표현하되 실제 모습과 닮게 그리는 것이 중요한 것이 아니라 자신의 느낌을 살려 표현하는 것이 더 중요함을 알게 한다.
- 관찰하여 그리기 등을 통하여 점차 도식을 분화시켜 나갈 수 있도록 한다. 예를 들어 나무도 여러 가지 형태가 있고 나뭇잎도 초록색만 있는 것이 아니라 하나의 나뭇잎에 여러 색이 있고 계절마다 색이 달라지는 변화 등을 관찰하여 분화를 시도한다.
- 그리기와 만들기, 디자인과 판화 등의 미술 영역 혹은 미술과 수학, 미술과 언어 등 통합적인 미술 경험을 제공한다.
- 주변의 자연환경, 미술품 등의 감상을 통해 미적 안목을 기를 수 있도록 한다.
- 미술로 생각하는 기회를 부여한다. 단순한 장면을 그리는 것이 아니라 유아의 경험에서 감정이 어땠는지, 어떤 생각이 들었는지 구체화할 수 있는 적절한 질문으로 유아가 스스로 생각할 수 있도록 최대한 이끌어 주어야 한다.
- 재료에 다양하게 접근하고 유아 스스로 탐색하여 생각한 것을 표현할 수 있도록 안내하고 스스로 표현하고 싶은 주제를 원하는 방법과 재료로 나타내게 한다.

미술 재료

- 재료의 반복 사용으로 충분히 다룰 수 있도록 하되 하나의 재료로 평면, 입체 등

다양하게 표현해 보게 한다.

- 관찰을 통한 세밀한 표현에 연필, 사인펜 같은 용구를 사용해 보도록 한다.
- 잡지, 신문의 사진을 활용하여 상상하여 그리기, 새로운 이미지 만들기 등 유아의 생각을 넓힐 수 있도록 한다.
- 미술 재료뿐 아니라 핸디코트, 모래, 과자 봉지 등 주변의 재료도 다양하게 활용해 본다.
- 커다란 상자, 우드락, 하드보드지 등을 활용하여 공동 입체 활동도 시도해 본다.

3 유아의 그림 표현 방법과 특징

유아는 성인과는 다르게 자신이 본 것이나 알고 있는 것, 느낌, 상상, 공상, 들은 것 등을 자신만의 방식으로 표현한다. 따라서 유아의 그림을 이해한다는 것은 그들을 이해할 수 있는 한 방법이 될 수 있다. 유아의 그림 속에는 많은 이야기가 담겨 있으며 슬픔과 기쁨, 즐거움 등의 감정이 살아 있다. 이와 같은 유아의 특징적인 미술 표현들을 20세기 전에는 유치한 것으로 치부하며 인정하지 않다가 20세기를 전후로 아동 미술에 대한 관심과 연구가 활발히 진행되면서 유아 미술도 그들의 입장에서 인정해 주어야 한다는 주장과 함께 발전을 거듭해 오고 있다.

이러한 아동 미술, 특히 유아의 미술 표현은 평면 활동에서 그들만의 특징이 더욱 잘 나타나게 된다. 따라서 유아가 표현한 그림을 통하여 그 특징을 살펴보고자 한다.

1) 난화 표현

▲ 수직, 수평, 원, 혼교의 순서로 나타난다.

2세부터 시작하는 낙서 같은 흔적은 처음에는 몸의 움직임에 불과하지만, 점차 자기 몸을 조절하게 되면서 비약적으로 발전하게 된다. 낙서처럼 보이지만 그림 표현의 시작이며 가장 중요한 시기라고 할 수 있다. 유아는 수평, 수직, 원, 혼교 같은 복잡한 선을 그리며 동그라미, 세모, 네모 등의 도형을 그릴 수 있게 되면 좀 더 복잡하게 선을 연결하여 다양한 이미지를 그린다.

2) 두족인 표현

▲ 머리 부분에서 팔, 다리가 그려진다.

유아의 초기 인물 표현은 얼굴에서 직접 두 개의 다리와 팔이 나오는 형태로 나타난다. 세계의 모든 유아에게 나타나는 특징적인 현상이다. 머리에서 다리와 팔이 나오는 그림이라고 해서 두족인 또는 태양인이라고도 한다.

3) 의인화 표현

▲ 기린, 꽃, 해에 사람처럼 눈·코·입을 그려 넣었다.

모든 사물과 자신을 동일시하여 모든 것에 생명이 있다고 생각하고 태양, 꽃, 구름 등에 눈·코·입을 그리게 된다. 아동화에서 가장 흔히 발견되는 독특한 표현 방식으로 소위 '애니미즘(animism) 현상'이라고 한다. 생물이든 무생물이든 모든 사물에 자신과 같은 얼굴을 붙여 의인화 표현을 한다. 그래서 유아는 무생물도 살아 움직이는 애니메이션(animation)을 좋아한다. 교실 환경 구성판을 꾸밀 때도 이러한 유아의 특성을 이용하여 꽃 한 송이에도 눈·코·입을 표현하면 유아가 더 좋아하게 된다.

4) 투시적 표현

▲ 배 속의 아기 코끼리를 투시적으로 표현하였다.

'엑스레이(X-ray) 표현'이라고도 하는데 집을 그릴 경우 집 안의 사람도 그리거나 땅속의 벌레나 동물을 그리는 등 투시적으로 표현하는 것을 말한다. 구디너프(F. L. Goodenough)는 투시적으로 그리는 것을 "유아는 자신이 보는 것을 그리지 않고 이미 알고 있는 것을 그린다"라고 했다. 즉, 투시적으로 그림을 그린다는 것은 유아가 알고 있거나 경험한 사실 등을 그림으로 표현한 것이라고 볼 수 있다.

5) 공존화 표현

▲ 유아는 보이는 대로 그리는 것이 아니라 알고 있는 것을 그린다.

그리고자 하는 대상의 외형보다는 자기 경험에 의한 것이므로 비례·시간·공간·방향·위치 등이 하나의 평면상에 동시에 표현되는 현상을 '공존화 표현'이라고 한다. 즉, 유아는 생각한 방향대로 동시에 그리게 된다. 기차를 그릴 때 기차 선로는 위에서 본 것처럼, 기차는 옆에서 본 것처럼 시점을 이동하여 표현하고 있다.

6) 과장과 생략 표현

▲ 맛있게 먹었던 피자를 확대하여 표현하였다.

유아는 자신이 본 것 중에서 가장 강하게 받은 인상이나 느낌을 사실보다 과장하여 나타낸다. 또한, 중요하지 않다고 생각하는 것은 생략하거나 작게 그린다. 이러한 과장된 표현은 유아의 내면적인 상태나 심리가 잘 드러나는 것이라고 볼 수 있다. 또 욕구의 희망 사항을 나타내려 할 때 중요하다고 생각하는 것은 가깝고 크게, 중요하지 않거나 싫은 대상은 멀고 작게 그리거나 생략하기도 한다. 위의 그림은 유아가 맛있게 먹었던 피자를 과장하여 그리고, 즐거웠던 기분을 잘 나타낸 솔직하고 재미있는 그림이다.

7) 반복적 표현

▲ 사람, 구름, 꽃 등을 반복하여 그렸다.

유아는 같은 모양을 여러 번 반복하여 표현하는 것을 좋아하여 똑같은 것을 나열식·병렬식·패턴으로 그리게 된다. 같은 형상을 반복하여 그리는 것은 많이 있는 것을 좋아하는 욕구의 표현이다. 이러한 표현은 정서적으로 안정을 바라는 욕구에서 나타나는 현상이며, 한편으로는 정서적인 억압 상태에서 사고가 굳어져 있거나 상상력이 부족한 아동들이 같은 대상을 반복적으로 표현하는 경향이 있다.

8) 도식적 표현

▲ 나비, 구름, 새, 잠자리, 인물을 같은 모양으로 그렸다.

나만의 그림 표현 방식인 도식이 완성되면 항상 같은 모양으로 공간 안의 대상을 나타내려고 한다. 도식적 표현은 유아마다 모두 다르게 나타난다. 그림 속 인물, 잠자리, 새, 나비 등이 모두 도식적 표현이다.

9) 기저선 표현

▲ 기저선 그리기

이전에는 화면 전체를 평면으로 보고 그 위에 사람이나 자동차 등을 선묘화로 표현했지만 도식기부터는 기저선을 긋고 하늘과 땅을 구분하게 된다. 땅 위에 사람, 집, 나무 등이 있고 하늘에는 태양, 구름, 새 등이 그려진다. 이것은 공간 개념이 확립된 것을 의미하며 최초의 공간 도식화 표현이다. 기저선을 그리지 않고 화지의 밑선을 기저선으로 사용할 수도 있다. 또한, 하늘선이라 하여 화면 위쪽에 선을 긋고 공간을 표현하기도 한다. 유아의 그림에서 기저선이 나타나면 사물과 사물과의 관계, 즉 자신과 타인과의 관계를 인식하고 사회성이 성장하는 시기이기도 하다.

10) 전개도식 표현

▲ 코끼리의 귀와 다리를 펼쳐 그렸다.

유아에게 책상을 그리게 하면 책상의 다리가 사방으로 펼쳐지게 그린다. 이것은 유아가 본 것을 그리는 것이 아니라 알고 있는 것을 그리기 때문이다. 유아는 자신이 편리하고 쉬운 방법으로 표현한다. 즉, 식사하는 모습을 표현할 때 식탁을 위에서 본 것처럼 그렸다면 다리는 보이지 않을 텐데도 그들이 알고 있는 네 개의 다리가 다 표현된다. 이때 인물의 표현은 식탁 주위로 돌려가며 누워 있는 것처럼 그리게 된다. 이러한 회전식 표현도 유아 그림의 특징적인 표현이다.

11) 적립 원근 표현

▲ 멀리 있는 동물은 위에,
가까이 있는 동물은 아래에 그렸다.

유아는 입체 표현의 능력이 없으므로 하단은 근경, 상단은 원경을 나타내는 방식으로 공간을 구성한다. 크기는 같더라도 위쪽에 그리면 멀리 있는 것을 나타내는 것이다.

12) 나열식 표현

▲ 동물들을 화면 안에 늘어놓았다.

알고 있는 것은 무엇이든지 상호 관련 없이 카탈로그처럼 늘어놓는 그림을 유아에게서 볼 수 있다. 전도식기의 그림으로 모든 것이 미분화 상태이고 주관적이기 때문에 기호처럼 늘어놓는 것이다. 즉, "여기에 집이 있고 강아지가 있으며 나는 엄마와 있었다."라는 식으로 한 화면에 집과 강아지, 나와 엄마 등을 나열하여 그리면서 존재 상징을 표현하는 것이다. 이것은 사물과 사물과의 관계 판단이 부족하므로 화면 전체에 열거식으로 표현하게 된다.

13) 시간적 동시 표현

▲ 아침에 본 엄마와 저녁에 본 엄마를 선을 나누어 동시에 그렸다.

유아는 시간의 흐름을 한 장의 화지에 나타내려고 한다. 그래서 그림 속에 두 개의 태양이 그려지기도 하는데, 이것은 아침에 본 태양과 오후에 본 태양을 한 화면에 그린 것이다. 상상력을 동원하여 운동, 놀이 등 연속 표현을 기록 영화처럼 전개해 나간다. 운동회, 소풍 장면을 그리게 하면 연속 시간의 흐름을 나타낸다.

14) 설명적 표현

▲ 포크레인의 소리를 그림 상단에 '디디디~'라고 적었다.

유아는 아직 그림 표현에 서툴기 때문에 그림으로 표현되지 않는 것은 말로 설명하려고 한다. 그래서 간단한 사물을 하나 그려 놓고도 무엇이냐고 물으면 여러 가지 이야기를 하곤 한다. 이 그림은 포크레인의 특징을 잘 살려 그렸는데, 형태보다 더 강한 인상을 받은 소리를 도저히 표현할 수 없어 그림 상단에 글로 소리를 나타냈다.

15) 관절 표현

▲ 양팔의 길이가 다르거나
다리가 원하는 방향으로 늘어난다.

유아는 동세의 표현이 어렵고 허수아비식 인물 묘사를 잘한다. 팔이나 다리가 굽혀질 때 각이 있기보다는 둔한 곡선으로 나타내며, 사물을 잡을 때도 팔의 길이가 각각 다르게 늘어나기도 한다.

16) 동물 표현

▲ 사자의 얼굴을 사람처럼 표현했다.

유아는 동물도 의인화하여 사람처럼 생각한다. 그래서 동물의 얼굴을 사람처럼 눈·코·입을 그려 놓는다. 또한 얼굴은 정면, 몸은 측면, 다리는 네 개를 모두 그리는 경우가 많은데 이것도 유아가 알고 있는 사실을 그리기 편한 방법으로 그리기 때문이다.

Chapter 02

유아 미술 지도의 실제

1 미술 활동 지도 과정

1) 미술 활동의 구성 요소

유아 미술 활동은 유아의 자발적 조형 욕구와 활동성을 충분히 발휘할 수 있어야 한다. 또한, 교수 방법은 유아가 중심이 되는 유아 중심 미술 교육이 되어야 한다.

미술 활동은 크게 평면 활동과 입체 조형 활동으로 나눌 수 있다. 어떠한 활동을 하든지 그 활동에는 세 가지 요소가 포함되는데 첫째로, 주제이다. 그리기, 꾸미기, 만들기 등 어떤 활동을 할 때 무엇을 표현할 것인가에 관한 주제가 있다. 두 번째로, 무엇으로 표현할 것인가에 관한 재료, 즉 표현 매체가 있어야 한다. 마지막으로, 어떻게 표현할 것인가에 관한 기법이나 구성 방법이 있다. 예를 들어 '사자를 만들어 보자 - 주제', '종이 접시로 만들자 - 재료', '종이 접시를 자르고 색종이로 꾸며 보자 - 구성 방법' 등이다. 여기에서 중요한 것은 이 세 가지 요소를 누가 결정할 것인가에 관한 문제이다. 즉, 유아의 미술 활동을 구조화할 것인지, 아니면 그들이 하는 대로 내버려 둘 것인지 하는 점이다. 이 세 가지를 모두 교사가 결정할 경우 유아는 수동적으로 따르게 되며 아동에게 창의성을 거의 기대할 수 없게 된다.

가장 창의적인 활동이 가능한 것은 이 세 가지 요소를 모두 유아가 결정하는 것이다. 그러나 우리나라의 교육 여건상 어려운 일이며 유아의 자율적 노력이 필요하지만, 실제로는 그렇지 못한 것이 현실이다. 따라서 교사는 활동 요소를 결정함에 있어 융통성 있는 입장을 취해야 할 것이다. 아이스너(Elliot. W. Eisner)는 교사에 의해 부과되는 조건이 많아질수록 유아가 선택하는 기회는 줄어들며, 부과되는 조건이 적을수록 선택의 기회가 많아지고 선택의 기회가 많을수록 바람직하다고 주장하였다. 활동에 따라 적절히 유아에게 선택의 기회를 주되 학년 말로 갈수록 이 세 가지 요소를 모두 유아가 결정하여 진행할 수 있도록 자율성을 길러 주는 것도 필요할 것이다.

2) 미술 수업 지도 과정

계획·진단 → 동기 유발 → 구상·표현 → 평가·감상

(동기 유발 ~ 평가·감상: 지도 단계)

(1) 계획·진단 단계

계획·진단 단계에서는 교육 내용의 설정, 재료 및 용구 등의 자료 준비, 어떻게 진행할 것인가에 관한 교수 전략 등이 포함된다. 프로그램을 계획하고 준비하기 전에 다음과 같은 사항이 먼저 고려되어야 한다.

○ 유아의 발달 단계에 맞아야 한다.

유아의 발달 단계에 맞춰 복잡하고 어려운 과정은 단순하고 쉬운 과정으로 바꾸어야 하며 매체의 선택 또한 발달 단계에 맞는 것을 제공하여야 한다. 당연한 것으로 여겨지겠지만 의외로 많은 교사가 발달 단계를 무시한 채 여러 자료를 통해 수집한 프로그램을 바로 도입하여 지도하는 경우가 많다. 또한, 유아의 수준에 맞지 않는 지도로 미술에 흥미를 잃게 하기도 하며 유아가 다루기 어려운 재료를 제공하는 경우 결국은 교사가 다 해 주기도 한다. 교사는 유아의 발달 단계를 이해하고 교육 내용이나 재료 및 용구 등이 지도하는 유아의 수준에 맞는지 점검하고 준비하여야 한다.

○ 활동 과정에서 생기는 모든 선택은 유아에게 개방되어야 한다.

주제·재료·기법이나 구성 방법 중 한 가지 이상은 유아에게 개방하여 창의적인 표현으로 이끌 수 있어야 한다. 따라서 수업을 계획할 때 어떤 요소를 개방할 것인가에 대해 계획하고 그것에 필요한 재료나 교수 전략을 짜야 한다.

○ 유아의 참여를 촉진할 수 있어야 한다.

이것은 미술 수업에 유아가 흥미와 관심을 가지고 임할 수 있는지에 관한 것이다. 유아가 흥미를 갖기 위해서는 새로운 주제나 재료, 기법들이 체계적으로 제시되어야 한다. 폭넓고 다양한 재료와 기법은 유아를 끊임없이 흥미로운 미술의 세계로 이끌게 될 것이다. 단, 주의할 것은 흥미만을 위한 미술 수업을 해서는 안 된다. 계획한 목표나 제재의 성격에 맞되 유아가 흥미와 관심을 가질 수 있는 활동을 계획해야 한다.

○ 유아의 경험이 표현과 효과적으로 연결되도록 하여야 한다.

표현 활동의 기초가 되는 경험을 중시하여 유아가 생동감 있고 풍부한 경험을 가질 수 있고 그러한 경험을 되살릴 수 있도록 자극을 주어야 한다.

○ 활동 과정이 단순한 것에서 발전적인 것으로 단계적으로 이루어져야 한다.

이것은 한 활동을 하기 위해 먼저 이행되어야 할 활동이 있게 되는 경우를 말하며 단순한 기초 과정이 먼저 이루어지고 난 다음 차츰 발전적인 과정이 이루어지도록 짜여야 한다. 예를 들어 오려서 꾸미는 활동 이전에 가위질에 대해 익숙해지기 위한 오리기 놀이를 충분히 해 보는 것이다.

○ 각 유아 교육 기관의 여건에 맞게 융통성을 지녀야 한다.

각 지역 또는 유아 교육 기관마다 특색 있는 프로그램을 운영할 수 있으며 지역마다 다른 재료가 준비될 수도 있다. 이러한 지역의 특성이나 유아 교육 기관의 여건에 맞게 프로그램을 계획하고 운영할 수 있어야 한다.

○ 유아의 총체적인 발달을 도와야 한다.

미술 활동을 통해 유아의 신체 발달, 정서 발달, 언어 발달, 인지 발달, 사회 발달 등이 골고루 이루어지도록 교육 내용이 구성되어야 한다.

교사가 이와 같은 사항을 고려하여 수업을 계획하고 조직한다면 효율적이고 능동적인 수업을 이끌 수 있을 것이다.

미술 수업을 위한 계획 단계에서는 먼저, 어떠한 미술 활동을 할 것인가 하는 교육 내용을 선정하여야 한다. 교육 내용의 선정은 어떤 교육 내용이 필요하고 왜 이러한 활동을 해야 하는지 고려되어야 한다. 미술 활동의 내용은 유아의 연령·단계·단원·계절·영역을 고려하고 유치원의 교육 과정, 교육 이념, 유아의 흥미나 욕구 등을 참고로 목표를 설정하여 연간 예상 미술 계획안을 준비한다. 이러한 계획이 없다면 교사는 자신이 선호하는 미술 활동만 제공하거나 심지어 준비하기 간단한 활동만 선택하여 하는 경우도 있다. 연간, 월간, 주간, 일일 계획을 체계적으로 세우되 일일 계획으로 갈수록 구체적으로 계획해야 한다. 미술 활동 시 계획한 프로그램을 중심으로 하되 유아가 사전에 계획하지 않은 미술 활동을 창안해 내고 자발적으로 수행하는 경우가 있다. 이럴 경우 교사는 융통성을 갖고 그러한 활동도 함께 지원할 수 있어야 한다.

둘째로 재료에 관한 계획이다. 미술은 교과 특성상 많은 재료나 용구가 필요하다. 이러한 재료는 주변에서 쉽게 구할 수 있는 것도 있지만, 계절에 따라 준비해야 하는 재료(낙엽, 솔방울 등)나 특정한 곳(조개껍데기, 조약돌 등)에서 구해야 하는 재료도 있다. 교육 내용이나 활동 계획에 따라 자주 쓰는 용구, 자연물 재료, 폐품 재료, 쉽게 구할 수 있는 재료 등을 나누어 미리 모아서 분리해 놓으면 쉽게 사용할 수 있다.

셋째로 어떻게 진행할 것인지 교수 전략에 관한 계획이다. 이것은 유아에게 도입하는 것부터 어떤 식으로 설명하느냐 하는 것까지 구체적으로 계획을 세운다. 예를 들어 점토 활동을 한다면 도입은 어떻게 할 것이며 점토의 탐색은 어떻게 하고 점토는 어떤 방식으로 나누어 줄 것인지, 활동 후에 작품은 어디에 두고 말려서 전시할 것인지 등을 구체적으로 계획하는 것이다. 활동 시에 가능한 계획대로 하되 교사는 이것 또한 유아의 흥미나 반응에 따라 융통성 있게 변화시킬 수 있어야 한다. 어떠한 활동도 교사의 교육적 의도와 대안적 전략이 없다면 유아는 활동의 주인이 되지 못하며 교사 또한 피상적이고 습관적인 전략에서 벗어나지 못할 것이다.

(2) 동기 유발 단계

동기란 우리가 다른 사람에게 해 주는 무엇이 아니라 그들이 그들 자신에게 부여하는 것이다. 즉, 유아 스스로가 자신에게 부여하는 것이 동기이며 교사는 단지 유아가 스스로 동기를 갖도록 원인을 제공해 주고 자극을 줄 수 있을 뿐이다. 미술의 동기는 생각과 감정, 그리고 그것을 시각적으로 소통하고자 하는 욕구를 자극하는 것이다. 그러므로 교사는 유아가 표현 활동에 임하기 전에 좀 더 쉽게 표현할 수 있도록 흥미를 북돋워 주며 감정을 자극하는 데 중점을 두어야 한다.

교사들이 미술 지도에 있어 제일 어려워하는 부분이 바로 동기 유발이 아닌가 한다. 특히 초보 교사일 경우 무엇을 어떻게 시작해야 좋을지 망설여지고 어떻게 해야 유아가 자발적으로 활동에 임하게 할 수 있을지에 대해 고민하게 된다. 동기 유발 방법이 꼭 정해져 있는 것은 아니지만, 동기 유발에 있어 꼭 참고해야 할 부분을 알아보고 다양한 동기 유발 방법에 대해 살펴보고자 한다.

○ 동기는 유아의 발달 수준에 따라 제시되어야 한다.

어린 유아일수록 추상적·개념적인 이야기보다는 주변에서 쉽게 경험한 사실이나 신변의 이야기 등이 유아의 공상을 자아내므로 좋은 동기가 될 수 있다. 또한, 직접 보고, 만지고, 느껴 보는 등 오감을 자극할 수 있는 경험을 제공할수록 흥미를 갖게 된다.

유아의 연령이 많아질수록 수준 높은 동기를 제공해야 한다. 동기 유발은 분위기가 적당히 고조되었을 때 너무 길지 않게 표현 활동에 임하도록 해야 한다. 유아의 수준에 맞는 적당한 동기 유발은 유아의 다양한 표현을 이끌며 자발적 활동으로 이어질 수 있다.

○ 유아가 그날 계획한 주제에 접근하고 관심을 가질 수 있도록 해야 한다.

이야기를 나누다 보면 간혹 그날의 주제와 멀어져 엉뚱한 방향으로 흐르는 경우가 있다. '젖소'를 표현해 보는 것이 주제라면, 유아가 아침에 먹었던 우유에서부터 자연스럽게 출발할 수 있을 것이다. 만약 이야기가 다른 방향으로 흐른다면 교사는 간단한 손유희나 노래, 시청각 자료 등을 적절히 활용하여 계획한 활동에 집중할 수 있도록 해야 한다.

○ 유아의 경험과 지식에서 유발한다.

유아의 과거 경험을 다시 현재로 돌이키면서 유아의 생각이나 느낌 등을 끌어낼 수 있다. 그리고 유아가 가지고 있는 지식을 이용할 수 있도록 자극이 필요하다. 유아의 경험과 지식은 유아가 창조하는 데 필요한 아이디어의 시작이 될 수 있다. 이것은 교사가 대화를 통해 유도할 수 있는데 교사는 유아가 자신의 경험과 지식을 끌어낼 수 있는 구체적 질문으로 그날의 주제, 재료 등과 연결될 수 있게 도와주어야 한다.

○ 유아의 자기 가치감을 높여 주어야 한다.

찰스 쉐퍼(Charles E. Schaefer)는 "아동은 자기 생각에 긍지를 갖고 그것을 다른 사람에게 이야기하고 싶어 할 때 자신의 실행 능력을 더 높이려는 동기를 갖게 된다."고 하였다. 유아는 자존감을 가짐으로써 '나는 할 수 있어.', '내가 만든 것은 훌륭해.'라고 생각할 때 활동에 더 적극적이고 발전할 수 있게 된다.

동기 유발 방법

다양한 재료·매체 활용하기

미술 재료는 그 자체로 유아에게 동기를 부여해 줄 수 있다. 유아는 새로운 재료로 활동하고 실험해 봄으로써 가능성과 아이디어를 발견한다. 늘 쓰는 크레파스, 스케치북에서 벗어나 화지의 모양을 변형하거나 다양한 종이와 용구를 준비해 본다. 색종이의 경우도 여러 가지 무늬가 있거나 다양한 크기와 모양의 색종이를 활동에 따라 사용해 본다. 단, 많은 재료와 용구를 한꺼번에 제시하면 혼란이 오게 되므로 학년 초부터 점차적으로 제시하되 그 재료와 용구를 잘 다룰 수 있게 되면 유아가 원하는 매체를 선택하여 활동할 수 있다.

이야기 들려주기

유아의 상상 세계를 자극할 수 있는 제시 방법으로 재미있는 동화를 들려주거나 시, 음악, 동화 등을 들려주고 유아의 머릿속에 떠오르는 이미지를 표현해 보는 것이다. 이것은 미적 경험을 동기화함과 동시에 시각화할 수 있는 귀중한 능력을 발달시키는 좋은 방법이다. 이야기는 끝까지 다 하지 말고 중간에서 끊어 다음 장면 상상하여 그리기, 가장 인상 깊었던 장면 그리기, 이야기 속 주인공이나 관련 주제 만들어 보기 등으로 상상하여 활동해 볼 수 있다. 듣는 것은 모두 상상 활동이므로 이야기의 장면을 다양한 표현으로 연결하여 활동해 본다.

시청각 기자재 활용하기

슬라이드나 TV, OHP 등 다양한 시청각 기자재를 이용하여 유아가 실제 사물을 보는 것과 같은 감동을 줄 수 있다. 또한, 기자재를 유아가 직접 사용해 보면서 관찰을 자극하고 감정을 불러일으킬 수 있다.

ICT 활용하기

ICT(Information & Communication, Technology)란 인터넷과 멀티미디어를 포함하는 것으로 정보 취급을 위한 하드웨어, 소프트웨어, 통신 등의 도구와 도구를 활용하는 기술 혹은 기법, 도구 활용 기술을 이용한 정보의 수집, 분석, 처리 등의 정보 활용 방법을 의미한다. 인터넷에는 방대한 자료가 있으므로 교사는 원하는 자료를 쉽게 얻을 수 있다. 이러한 자료를 모아서 유아에게 맞게 수정·보완하여 다양한 자료를 보여 줄 수 있을 것이다. 또한, 동영상이나 다양한 멀티미디어 자료를 구축하여 TV와 컴퓨터를 연결하여 활용해 볼 수 있다. 동영상 구연동화 자료, 종이접기, 계절별 실물 자료, 활동 과정 동영상, 명화 감상 등 다양한 자료를 제시할 수 있으며 유아 교육에 관련된 전문 사이트를 활용해 볼 수도 있다. 주의할 점은 인터넷상의 자료를 무분별하게 사용할 것이 아니라 전문 사이트를 중심으로 조사하되 유아의 수준이나 흥미, 교육적 의도에 맞게 분석·처리하여 제시해야 한다.

실물을 통한 오감자극법

유아는 실제 사물을 만지고 느껴 볼수록 더 흥미를 갖고 그 마음의 표현이 그림이 된다. 그날 주제가 되는 사물을 준비하여 보자기에 감추어 들고 와서 “자, 이 보자기 속에는 무엇이 들어 있을까요?”라고 물으면 유아는 호기심을 가지고 즐거운 분위기가 된다. 유아가 나와서 보자기 속에 손을 넣고 감촉과 질감을 느껴 보고 다른 친구들에게 이야기 해 준다. 다시 보자기 속을 살짝 보고 색과 형태 등을 이야기해 주어 다른 친구들이 맞혀 보게 한다. 어느 정도 유아의 호기심이 최고조에 달했을 때 보자기 속의 물건을 보여 주면 유아는 환호성을 지르며 관심을 집중시킬 수 있다. 보여진 사물은 유아가 만져 보고, 돋보기 등으로 관찰하고 활동한다면 좀 더 생동감 있는 표현이 될 수 있다. 이러한 오감자극법은 음식을 주제로 한다면 직접 냄새를 맡고 맛을 본다든지, 밀가루 반죽으로 여러 가지 모양의 과자를 만들고 먹어 보는 등 유아의 오감을 자극하여 동기를 북돋우는 방법이다.

몸으로 표현해 보기

코끼리를 눈으로 보면 전체 모양, 코, 색채, 걸음걸이 등을 알 수 있다. 몸으로 표현해 보기는 유아가 직접 몸으로 흉내 내어 보는 것이다. 유아의 동물놀이는 눈과 몸으로 보고 그린다는 점에 의의가 있다. 몸으로 표현해 보기는 자신이 직접 나무나 꽃이 되어 보는 등 그날 활동 주제의 주인공이 되어 자기 내면화를 시키는 것이다. 그 주제의 특징뿐 아니라 자기가 가지고 있는 느낌이나 생각 등을 표현해 볼 수 있다. 노래나 율동, 손유희 등도 좋은 동기 유발의 방법이 될 수 있다.

경험과 재경험시키기

대화를 통해 유아의 경험을 끌어내는 것이다. 즉, 서로 이야기하여 재경험시켜 감동을 자극하는 것과 같다. 보고 듣고 행동한 것을 재경험시켜 그때의 일을 생각하여 내적 동기를 형성시키는 것이다. 대화를 통한 동기 유발의 경우 구체적인 질문이나 유아가 이해하기 쉬운 질문을 통해 자기가 경험한 것을 끌어낼 수 있어야 한다.

명화 감상을 통한 동기 유발

명화에는 다양한 주제와 기법을 활용한 작품들이 많이 있다. 그중에서 유아와 친근한 주제의 작품 또는 활동과 관련 있는 기법이나 활동 방법, 재미있는 내용, 아름다운 색채가 있는 작품 등을 선정하여 보여 주고 이야기를 나누어 봄으로써 나도 저렇게 해 보고 싶다는 동기를 가질 수 있다. 예쁜 옷을 보면 입고 싶듯 아름다운 작품을 통해 유아가 자신도 저렇게 그려보고 싶다는 동기를 가지게 하는 것이다.

(3) 구상·표현 단계

무엇을 표현할 것인가를 미리 생각하여 결정하는 단계이다. 이 단계에서 교사는 새로운 용구나 재료가 있을 때 사용법 안내, 간단한 시범 등을 통해 유아의 표현 방법을 결정하는 데 도움을 줄 수 있다. 어떻게 표현할 것인가가 결정되면 바로 표현 단계로 들어가게 된다. 표현 단계에서는 그리거나 만들고 꾸미는 실제적인 작업이 이루어지게 된다. 이 과정에서 유아가 하는 대로 둘 것인지, 적극적으로 관여하여 지도할 것인지를 결정해야 한다. 유아가 하는 대로 둘 경우 자칫 방임으로 흐를 수 있으며 적극적으로 관여할 경우 유아의 창조적 표현을 방해할 수 있으므로 유아가 자유롭게 활동에 몰입할 경우에는 지켜보고, 어려움을 겪을 때는 적절한 지도를 해야 한다. 그러나 이러한 경계가 모호한 경우가 많으므로 교사의 세심한 관찰과 유아의 욕구를 제대로 이해하는 것이 필요하다.

표현 단계의 지도에서는 대부분의 수업이 집단으로 이루어지게 되는데, 집단이라 하더라도 개별 지도가 병행되어야 한다. 같은 연령의 유아라도 발달에 차이가 있고 성격, 정서, 행동 특성이 다르므로 개인차를 반영하여 지도해야 한다. 예를 들어 얼굴을 주제로 그리기를 할 경우, 자신이 없고 잘 그리지 못하는 유아는 잡지에서 눈·코·입을 잘라 붙이고 나머지 얼굴 형태만 그리도록 하여 부담감을 줄이고 자신감을 줄 수 있다.

표현 단계에서는 많은 용구나 재료를 사용하게 된다. 교사는 다양한 매체의 특성을 알고 있어야 활동 주제나 유아의 수준에 맞는 적절한 매체를 선택할 수 있으며 매체의 특성을 효과적으로 활용할 수 있다. 또한, 매체를 어떻게 유아에게 제시할 것인가도 중요한 부분이다. 예를 들어 점토를 준다면 덩어리로 줄 것인지, 길게 말아서 선으로 제시할 것인지에 따라 유아의 반응도 달라지며 표현에도 영향을 미치게 된다.

다음은 현장에서 표현 활동에 어려움을 겪는 유아를 지도하기 위한 방법이다.

1 그림 그리기에 어려움을 갖는 유아의 지도

❶ 그림에 자신감이 없는 경우

유아가 부담 없이 자신감을 느끼고 그리게 하려면 먼저 그들의 열등감을 제거해 주는 방법이 필요하다. 교사는 어느 의미에서 확실히 유아보다 아동화를 더 잘 그릴 수 없다. 그렇다고 형태가 정리된 개념화를 보인다면 유아는 더욱 자신을 잃고 그려 달라고 조르며 의존심만 기르는 결과를 초래한다. "저런 그림이라면 나도 그릴 수 있어요."라는 말이 나올 수 있는 그림을 보여 주어 유아가 자신감을 느끼고 그릴 수 있도록 한다. 또한, 무엇인가 완성된 형태를 요구하는 활동보다는 찍기, 오려 붙이기, 데칼코마니 등 쉽게 결과물이 나오는 활동으로 먼저 자신감을 느끼게 하고 점차적으로 그릴 수 있게 유도하는 것이 좋다.

❷ 똑같은 그림만 그리는 경우

똑같은 그림만 그리는 경우의 두 가지 원인 중 첫째는 어느 특정한 주제에 흥미를 느끼고 있기 때문일 수 있다. 공룡에 관심이 많은 유아는 모든 그림에 공룡을 그려 넣거나 반복하여 공룡만 그리기도 한다. 두 번째는 그 이외의 것을 발견하고 살펴보고 상상하는 능력이 없기 때문에 제일 자신 있는 그림만 반복하여 그릴 수 있다. 또 정서적으로 볼 때 같은 형태를 반복하여 그림으로써 안정감을 찾으려 할 수도 있다. 교사는 유아가 어떤 어려움이 있는지 정확히 파악하는 것이 필요하다. 첫 번째의 경우라면 같은 공룡을 그리더라도 다양한 종류의 공룡을 그려 보게 하거나, 공룡이 먹이를 먹는 모습,

공룡 가족 등 다양한 상황과 결합하여 그려 보게 하고 점차적으로 다른 쪽에도 관심을 두도록 유도한다. 두 번째의 경우에는 자신감을 갖게 하고 정서적으로 안정될 수 있도록 억제된 심리를 풀어 주고 새로운 상황에 잘 적응할 수 있도록 지도하여야 한다. 도식기에는 같은 도식을 되풀이해서 사용하거나 많음을 표현하기 위해 같은 꽃을 여러 개 그릴 수 있다. 이러한 경우는 자연스러운 표현이므로 위의 경우와 구별되어야 한다.

③ 어떻게 그려야 할지 모르는 경우

어떤 장면을 그려야 할지 결정하지 못하거나, 그리려고 하는 주제에 대한 경험이 없어서 자기 동일화에 어려움을 가지는 경우일 수 있다. 먼저 유아가 어떤 원인에서 그리지 못하는지를 살펴보고 생각한 것이 있는지 물어본다. 그릴 장면에 대한 생각은 있지만 어떻게 그려야 할지 몰라 한다면 좀 더 구체적인 질문을 통해 경험과의 연결에 자극을 주어 구체적인 발상에 도움을 주도록 한다. 경험이 없을 경우에는 다양한 경험을 할 수 있는 환경을 마련해 주고 시각 자료나 신체적 표현 등을 통해 내면화할 수 있도록 도와준다.

④ 못 그린다고 하는 경우와 너무 기교적인 그림을 그리는 경우

자신과 표현과의 관계를 잃고 언제나 '나는 못 그린다.'라는 반응밖에 없는 유아를 지도하기는 어렵다. 이러한 유아는 자기 동일화의 욕구에서 그것을 외부에 표현하는 능력에 대해서도 장애의 원인이 있을 수 있으며, 어려서부터 어른스러운 그림을 강요받은 유아 중에도 그런 경우가 있을 수 있다. 이러한 유아에게는 미술은 재미있는 놀이라는 생각을 가질 수 있도록 흥미를 주어야 하며 쉬운 것부터 그리게 하고 적절한 칭찬을 통하여 열등감을 제거해 주어야 한다. 이와는 반대로 너무 기교적으로 그리는 유아가 있다. 사물의 모양이나 명암을 어른스럽게 사용하였다고 반드시 좋은 그림은 아니다. 유아답고 개성 있는 그림을 그리도록 지도한다.

⑤ 너무 빨리 그리거나 싫증을 잘 내는 경우

표현에 들어가면 10분 내외에 빨리 그려내는 유아의 경우, 완성된 작품도 있지만 대부분 개념적인 표현이 많거나 성의 없이 그린 그림이다. 활동에 흥미를 느끼지 못했거나, 꼭 해야 하는 과제 정도로 생각하여 빨리 그리고 다른 흥미 있는 일을 하고자 할 수 있다. 이런 경우에는 활동의 수준이 적당한지 살펴보고 일방적 제시가 아닌 유아가 탐구하고 자발적으로 참여할 수 있는 활동 제시와 동기 부여가 필요하다. 싫증을 잘 내는 유아는 꾸짖거나 독촉하지 말고 점차 활동에 몰입하는 시간이 늘어날 수 있도록 따뜻하게 지도해야 한다. 이러한 유아는 재료나 기법을 다양하게 제시하거나 화지의 색, 크기, 모양 등도 바꿔 주며 새로운 호기심을 갖도록 동기를 유발시켜 준다.

2) 다양한 미술 지도법

① 재료를 변화시켜 그리기

크레파스로 그렸다면 그림물감으로 그려보게 하는 등 재료나 용구를 바꾸거나 화지의 크기를 변화시켜 그리게 한다. 느낌을 새롭게 하여 그림을 그릴 수 있도록 재료를 바꾸어 주기만 하여도 다양한 표현을 경험할 수 있는 기회가 된다.

② 색채를 제한하기

유아가 좋아하는 한 가지 색 또는 3~4가지 색만을 사용하는 것으로 다른 느낌의 그림을 경험하게 한다. 또는 명화를 감상하여 보고 색을 발견시켜 그것을 사용하는 것도 재미있는 방법의 예가 된다.

③ 관찰하여 표현하기

사람은 접촉하고 보는 가운데 마음이 움직인다. 상상도 본 경험을 기본으로 전개되는 것이다. 그림은 시각 예술이기 때문에 보는 것에서 시작된다. 사물을 자세히 관찰하여 그려 보면 개념적인 그림을 탈피할 수 있다. 유아는 같은 사물을 놓고 관찰하여 그려도 관심 있는 부분은 강조하고 자신의 느낌을 담아 재미있는 그림을 그리게 된다.

④ 돋보기로 보기

유아에게 돋보기를 주고 보다 적극적으로 들여다보게 한 후 무엇을 어떻게 보았는지를 표현하도록 한다. 돋보기를 통해 확대해서 보게 되면 유아가 예상하지 못했던 것들을 발견하게 되고 상상을 자극하게 된다.

⑤ 표현 형식 바꾸기

그리는 순서 바꾸기 또는 반대편에서 그리게 하는 방법이다. 즉, 인물화의 경우 머리부터가 아니라 발이나 손부터 그리게 하는 방법도 제시한다. 또 바탕을 먼저 그리게 하거나 화면을 보지 않고 그리게 하는 등 여러 가지 방법의 형식을 들 수 있다.

⑥ 추상형을 보이기

칠판에 단순한 모양을 그리고 무엇 같아 보이느냐고 묻는다. 이때 유아는 갖가지 대답을 한다. 이것은 추상형이므로 유아의 상상으로 무엇이든지 될 수 있다. 이 방법은 상상력을 활발히 하는 데 효과적이다. 만일 아무런 대답도 하지 못하는 유아가 있다면 이는 상상 활동이 부족하기 때문이다. 상상력 없이는 그림도 나오지 않는다.

⑦ 출발 그림 제시하기

화지에 미리 무엇인가를 그려 놓고 거기에서부터 출발하여 그리게 하는 것이다. 그림 그리기에 망설이는 유아를 위해 화지에 미리 주제의 간단한 일부분을 그려 넣거나 붙여 놓는다. 예를 들어 꽃을 주제로 한다면 꽃 사진을 오려 붙여 놓거나 동그라미를 하나 그려 놓으면 유아는 줄기, 잎 등 나머지 꽃 모양을 그리게 된다. 거기에서부터 출발하여 다른 꽃, 나비, 인물 등 유아가 그리고자 하는 것을 그리게 되는 것이다.

⑧ 제한 영역 설정해 주기

어른들도 깨끗한 흰 종이를 주고 무언가를 그려 보게 하면 부담감이 먼저 들 것이다. 제한 영역 설정은 교사가 화지에 적당한 크기의 네모난 영역을 그려 주고 그 안에 그려 보게 하는 것이다. 그러면 유아는 부담감을 덜고 그릴 수 있다.

(4) 평가·감상 단계

1 평가 방법

평가란 어떤 성과나 방향을 확인하는 것이다. 교육 환경에서 볼 때 아동의 행동을 관찰·기록해서 더욱 나은 개인의 성장을 돕는 데 목적이 있다. 그러나 미술 교과에는 객관적 기준이 없으므로 교사가 큰 어려움을 겪는 경우가 많다. 최근 외국의 많은 미술 교육학자는 유아의 미술 활동에 관한 총체적 평가 모델들을 다음과 같이 제시하고 있다.

- 작품에 나타나는 기교적인 측면이다. 유아가 아이디어나 느낌, 이미지를 표현하기 위해서는 전달 수단이 필요하다. 내용으로는 작품 제작 영역에서 재료를 잘 다루는지, 배색은 잘되어 있는지, 재료의 다양한 활용 방법을 알고 있는지 등이다.
- 작품의 미적·표현적인 측면이다. 유아가 작품의 형태 구성을 어떻게 하는지, 작품 속의 형태는 어떤 역할을 하는지 등이다.
- 작품에서 창의적 상상력에 관한 측면이다. 작품에 독창성이 어느 정도 나타나 있는지, 작품에 통찰력이 나타나 있는지 등이다.
- 완성 작품을 만드는 작업 시간 동안 재료를 다루는 유아의 기술 정도이다.
- 유아가 자신의 작품을 얼마나 조직화했는가와 다른 부분과 얼마나 상관관계를 만들어 냈는가와 관련된 것이다. 다른 부분과의 상관관계란 색, 선, 모양과 미술의 다른 요소들과 반복, 균형, 다양성, 미술의 다른 원리들을 유아가 어떻게 사용했는가를 말한다.

- 유아의 작품에서 표현적이고 정서적인 부분을 평가하는 것이다. 이것은 주제의 선택뿐 아니라 색의 선택과 선·모양의 사용, 기타 여러 가지 선택에서 나타나는 분위기나 느낌과 관련된 것이다.
- 미술 작품을 만드는 데 사용된 독창성, 독립적 사고, 창의적인 상상력의 정도를 평가하는 것을 포함한다. 이것은 재미있고 통찰력 있는 접근이나 생각을 표현하는 새로운 방법을 찾아내는 것, 시각적 문제를 해결하는 것, 재료를 사용하는 것 등의 독창적 사고와 관련된 것이다.

이상의 것을 정리해 보면 다음의 세 가지로 나눌 수 있다. 첫째는 활동 과정에 대한 평가, 둘째는 표현 능력에 대한 평가, 셋째는 감상 능력에 대한 평가이다.

이러한 것을 참고로 하되 교육 목표와 교과의 특성, 유아의 성장을 고려하여 평가에 임해야 한다. 이외에 더 실제로 유아에게 영향을 줄 수 있는 것이 칭찬이다. 유아를 칭찬하는 것은 좋은 일이지만 칭찬을 남용하게 되면 교사에 대한 신의를 잃을 수 있으며 칭찬을 칭찬으로 받아들이지 않게 된다. 또는 칭찬이 더 잘해야 한다는 압박감을 줄 수도 있다. 칭찬은 구체적으로 하되 미술 작품에 대한 것에만 중점을 둘 것이 아니라 유아의 노력에 대해 초점을 두는 것이 유아의 자아 존중감을 높이고 자신의 작품에 만족을 가져올 수 있다.

이상은 성인이 유아의 작품을 평가하는 방법이다. 또 다른 평가로는 자기 평가가 있다. 자신의 그림은 자신이 가장 잘 알기 때문에 자신의 작품을 놓고 무엇이 가장 좋은지, 왜 그렇게 표현하였는지 등을 질문해 보는 방법을 들 수 있다. 또 서로의 작품을 같은 방법으로 평가할 수도 있는데, 이러한 방법은 너무 어린 유아에게는 어려운 일이며 7세 이상은 되어야 가능하다.

2 감상과 전시

자기 평가와 감상을 효과적으로 할 수 있는 것이 전시인데, 대부분의 유아는 자신의 작품이 전시되는 것을 좋아한다. 전시하게 되면 자신의 작품뿐 아니라 다른 사람의 작품을 평가할 기회를 주며 자연스럽게 감상의 기회도 마련할 수 있다.

가급적 모든 유아의 작품이 전시될 수 있도록 하며 대부분 성인의 눈높이에 맞추어 그림을 붙이거나 조형물을 놓게 되는데 유아의 눈높이에 맞추어 전시해야 한다. 많은 유아 교육 기관들이 작품 전시회를 마련하여 유아의 작품들을 전시할 때, 전시회를 며칠 앞두고 작품 전시회를 위한 미술 활동을 무리하게 진행하게 된다. 이것은 교사나 유아 모두에게 힘든 일이고 작품 전시회의 취지에도 맞지 않는다. 평소에 유아의 작품을 잘 모아서 1년의 성장 과정이나 다양한 작품을 전시하는 것이 필요하다.

① 작품 전시회 계획하기

작품 전시회 계획은 전시회의 모든 과정에서 볼 때 가장 중요한 일이다. 우선 미술의 영역별 혹은 통합 활동으로 다양하고 창의적인 작품이 나올 수 있도록 하고 환경 구성과 더불어 공동 작품 등을 생각하여 신중하게 계획안을 수립해야 한다. 최종 선택은 재료 구입에 용이함과 경제성을 고려하도록 한다. 또 한 가지 중요한 것은 유아가 할 수 있는가와 없는가를 판별하여 작품별로 소요되는 시간을 파악하면 무리한 수업 진행을 막을 수 있다. 작품 전시회를 위한 작품을 만들기보다 학기 초부터 유아의 활동을 보여 줄 수 있도록 작품을 잘 보관하되 입체 작품은 보관이 쉽지 않으므로 입체나 공동 작품은 작품 전시회에 즈음하여 만든 것을 전시하도록 한다.

- 영역별로 다양하게 분류되도록 한다(그리기, 만들기, 판화, 점토, 공동작품 등).
- 폐품, 자연물을 이용한 활동을 계획한다.
- 평면, 입체 공동 작품을 계획한다.
- 교실이나 원의 환경 구성을 고려한다.
- 총 작품 수량과 재료 및 제작 시간을 고려한다.

❷ 작품의 내용

그리기와 꾸미기

여러 가지 용구를 이용한 그리기, 타일화, 사포화, 모래 그림, 한지 그림, 먹물 그림, 엽서 그림, 골판지 그림, 석고판 그림, 아연판 그림, 명화 감상 그림, 잡지 콜라주, 색종이 꾸미기, 판화, 찍기 놀이, 디자인 등.

폐품을 이용한 만들기

상자, 우유갑, 페트병, 요구르트 용기, 음료수 캔, 천 조각, 신문지, 비닐, 스티로폼, 종이컵, CD, 다양한 종이 활용, 시트지, 폐전자제품, 휴지심, 옷걸이, 쇼핑백 등.

자연물을 이용한 작품

솔방울, 돌, 나뭇가지, 나뭇잎, 모래, 열매, 씨앗, 조개 등의 자연물 재료, 채소, 과일.

점토를 이용한 작품

지점토 목걸이, 점토 그림, 탈 만들기, 점토 얼굴 꾸미기, 컬러 점토 모자이크 등.

완성품을 이용한 작품

부채, 조롱박, 주걱, 양말, 장갑, 우산, 비옷, 나무젓가락, 종이 접시, 티셔츠 등.

공동 작품 만들기

로봇 만들기, 바닷속 꾸미기, 우주 만들기, 나뭇잎 찍어 나무 꾸미기, 모빌 만들기, 신체 본뜨기, 스텐실 지도 만들기, 북아트 등.

③ 작품의 제작

작품 제작 계획안이 마련되고 작품 수가 정해지면 우선 재료를 충분히 준비한 후 체계적으로 작품을 제작한다. 먼저 손쉬운 작품부터 제작하고 손이 많이 가는 작품은 1~2주의 여유를 두고 만들도록 한다. 공동 작품의 경우 유아가 참여한 작품을 모아서 하나의 벽화를 만들 수도 있고, 그룹 혹은 모두가 참여한 작품은 전시회를 앞두고 제작하도록 한다. 또한, 마르는 데 시간이 걸리거나 마무리가 필요한 경우 모두 제작 시간을 참고로 하여 제작하도록 한다.

④ 작품의 전시

작품 전시회의 경우 작품도 중요하지만, 작품을 전시하는 공간과 환경 구성도 중요하다. 전시는 꼭 원내뿐 아니라 지하철, 구민회관, 미술관, 운동장, 공원 등 다양화되고 있다. 어떤 곳이든 전시하는 공간은 작품을 돋보이게 하고 그 효과를 극대화할 수 있어야 한다. 전시회 작품은 전시에 앞서 공간 상태나 작품 수를 고려하여 작품을 어떻게 배치할 것인지 평면도를 그리고 그것을 토대로 하여 작품을 전시하면 많은 시간을 절약할 수 있다. 먼저 평면 작품 중 함께 모아서 효과가 있는 것은 환경판을 활용하고 벽면과 테이블을 활용하여 평면과 입체 작품을 전시한다. 교실의 입구나 중앙에는 입체 공동 작품을 놓으면 개별 작품과 구분되어 볼 수 있고 어두운 구석에는 밝은 모빌 등으로 변화를 주면 좋다. 각 작품에는 유아의 이름표를 준비하고 개인별 연간 활동집, 활동사진 등도 함께 전시하면 부모님께 유아의 성장 발달에 관한 정보를 줄 수 있다.

⑤ 작품 전시회 개막과 마무리

미리 전시회를 알리는 간단한 초대장을 만들어 본다. 전시회 일정 및 장소, 간단한 초대의 글이나 그림을 곁들이면 더욱 좋다. 전시회가 시작되면 작품 전시회의 주인공은 유아이다. 유아가 전시회의 주체이므로 서로의 작품을 감상할 기회를 준다. 또한, 전시회에 부모님과 함께 참석하게 되므로 긍정적인 피드백으로 유아에게 자신감을 줄 수 있도록 한다. 작품전이 끝나면 작품을 정리하는 것도 큰일이 될 수 있다. 작품을 정리하기 전 사진을 남겨서 참고 자료로 활용하면 다음 전시 때 크게 도움이 된다. 입체 작품은 두세 번에 나누어 보내고 평면 작품은 활동집에 정리하여 보내도록 한다. 공동 작품은 교실의 환경에 맞게 재배치하면 깔끔한 마무리가 될 수 있다.

2 미술 교사의 역할

미술 교사는 유아에게 그림을 그리는 기능을 가르치기보다는 그리기의 재미와 흥미를 느끼게 해 주고, 그리고자 하는 욕구를 해소해 주어야 한다. 나아가 그들의 심신 발달을 돕는 유아 미술의 특성을 이해하고 교사 자신도 부단한 연구와 노력을 해야 한다. 유아의 그림은 유아 자신의 창문이라고 할 수 있다. 유아와 그들의 그림을 이해하고 유아의 생활과 놀이, 지적 발달, 심리적 발달, 창조적 발달을 이해해야 한다. 유아의 상황을 자신처럼 이해하고 지켜보며 이야기해 주는 것이야말로 미술 교사가 담당해야 할 임무이다.

미술 교사는 자신의 능력이나 감각을 유아에게 요구해서는 안 되며 동일시해서도 안 된다. 유아가 생각하는 것, 유아가 그리고자 하는 것, 만들고자 하는 것을 파악해야 한다. 교사는 유머가 풍부하고 밝은 성격을 가져야 하며 유아가 자유롭고 해방감 속에서 그림을 그리게 해야 한다. 교사의 간섭이나 강요, 지시, 명령, 억압 등은 유아의 표현 의욕을 크게 저해하는 요인이 된다. 유아에게 새로운 제재를 제시하고 재료와 용구의 저항성이나 특성을 충분히 알아야 하며 꼭 미술 수업을 사전에 생각해 보고 꾸며 본 후에 지도에 임해야 한다. 예술 활동과 미술 교육을 구분하여 미술 교육에 대한 확고한 이념과 미술 교사라는 일체감을 잊지 말아야 한다.

미술 지도에 있어서 교사가 유의해야 할 점은 다음과 같다.

- 유아의 발달 특성을 이해하고 가능성을 인정하며 인격을 사랑하는 마음을 가진다.
- 유아의 표현 활동에 따른 그들의 욕구를 만족하게 하며 유아의 자발적 조형 욕구와 활동이 충분히 발휘될 수 있도록 해 주어야 한다.
- 필요한 공간, 시설, 재료, 용구, 자료 등을 충분히 계획하고 준비하는 경영자적 역할이 필요하다.
- 공동 작업 시 소외되는 유아가 없는지 살피고 상호 작용할 수 있는 분위기를 만들어 준다.
- 부모와의 꾸준한 소통으로 각 유아에 대한 발달 정보를 교환한다.
- 유아 미술에 대한 전문성을 갖추고 꾸준히 노력하는 교사가 되어야 한다.
- 유아가 생각한 것을 자유롭고 대담하게 표현하도록 지도하며 정서적으로 안정을 할 수 있는 환경을 마련해 주어야 한다.
- 유아의 상상력이나 개념 형성을 위한 동기 유발을 효율적으로 할 수 있는 능력을 갖추어야 하며 충분한 시간을 가질 수 있도록 한다.
- 유아의 발달을 고려한 활동 목표를 설정하고 흥미 있는 제재를 선정한다.
- 유아의 작품을 이해하고 존중한다.
- 유아의 조그만 노력이나 독창적 표현을 찾아서 칭찬하고 격려한다.
- 작품의 결과보다는 표현, 제작 과정을 충분히 인정한다.
- 유아의 표현 능력이나 기능보다는 유아 스스로 자신 있게 표현할 수 있는 자신감을 길러 주어야 한다.
- 지적 수단의 전달자가 아닌 안내자로서 유아가 자기 생각이나 느낌을 표현하고자 할 때 방해 요인을 제거하고 스스로 활동을 지속할 수 있도록 안내해야 한다.

Chapter 03

유아 미술 활동

1. 미술 표현 방법 탐색
2. 미술 재료의 종류와 특성

1 미술 표현 방법 탐색

우리가 시각 공간에서 접하게 되는 많은 미술 작품에는 내용과 표현 양식이 구상적인 것에서부터 추상적인 것에 이르기까지 폭넓게 다루어지고 있다. 이렇게 다양한 표현에는 다양한 표현 기법들이 이용되고 있다. 다양한 표현 기법은 아동에게 새로운 감각을 배우게 하며 자신만의 독창적인 세계를 추구하려는 의욕을 갖게 된다. 독창성과 조형 감각을 기르기 위해 아동 미술에 적용될 수 있는 표현 기법들은 다음과 같다.

1) 콜라주(collage)

콜라주란 풀 바르기, 붙여 바르기라는 뜻이다. 주변에서 쉽게 구할 수 있는 헝겊·실·나뭇잎·곡식·종이·금속·털실·단추 등 여러 가지 재료를 자유롭게 선택하여 조형 표현의 소재로 붙이는 것으로 새로운 시각 공간을 만들 수 있다.

2) 그을리기

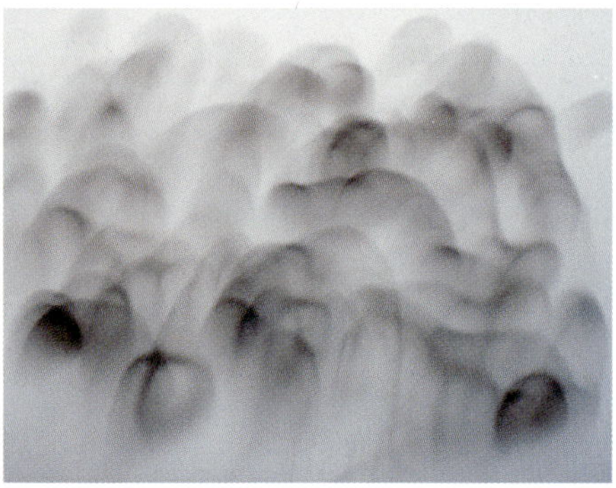

촛불의 그을려진 농담과 형태에 움직임과 변화를 주는 것이다. 종이에 촛불을 살짝 대고 움직이면 그을음의 농담이 표현된다.

3) 번지기

젖은 화지나 물감이 마르기 전에 다른 물감을 칠할 때 얻어지는 번지는 효과이다. 화선지 같은 종이도 동일한 효과를 얻을 수 있다. 또 화지에 물을 칠하고 나서 사인펜으로 여러 가지 형태를 그려도 번져 나가는 효과가 재미있다.

4) 불기

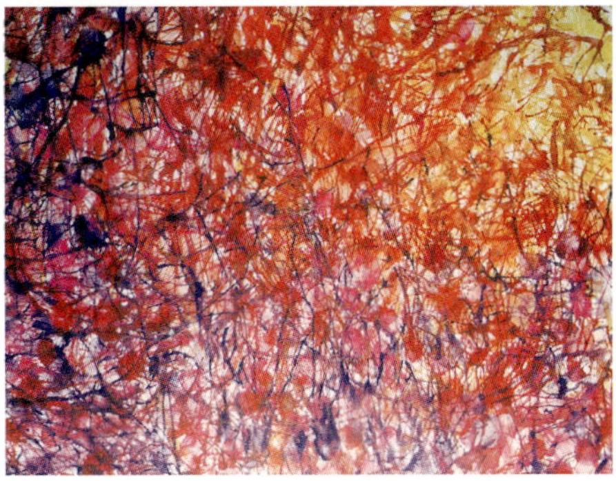

물감을 떨어뜨린 다음 입김으로 불어서 무늬를 나타내는 방법이다. 입으로 부는 강도에 따라 결과가 달라지며 빨대나 에어브러시 등의 도구를 이용하여 불면 또 다른 효과가 나타난다.

5) 뿌리기

화지 위에 여러 가지 재료를 올려놓고 분무기로 물감을 뿌리거나, 망사 위에 칫솔에 물감을 묻혀서 물감을 뿌리면 재료가 있었던 부분은 물감이 묻지 않아 그림자가 만들어진다.

6) 떨어뜨리기(dropping)

물감을 화지 위에 떨어뜨리고 화지를 여러 방향으로 움직이면 여러 가지 모양으로 바뀐다. 물에 적신 화지 위에 떨어뜨리면 번지면서 퍼지는 또 다른 효과를 느낄 수 있다.

7) 롤러 기법

롤러에 물감을 묻혀 마음대로 굴리거나 가로 · 세로로 몇 번이고 굴려서 물감을 균일하게 펼 수 있다. 롤러에 실을 감거나 나뭇잎 등을 붙여서 굴리면 재미있는 모양을 얻을 수 있다.

8) 마블링(marbling)

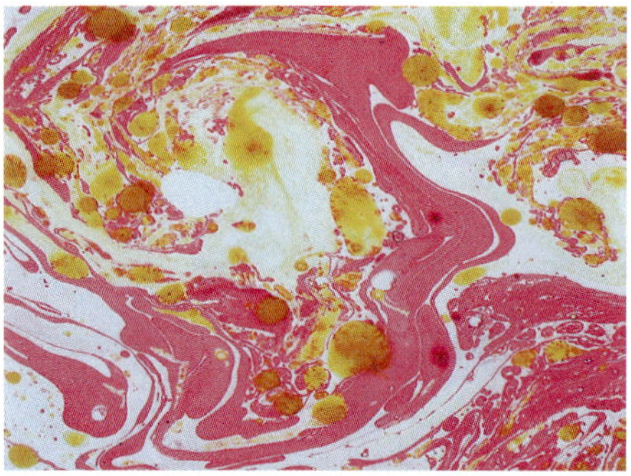

물과 기름이 섞이지 않는 원리를 이용한 것으로 물 표면의 움직임에 따라 변하고 있는 유연한 무늬를 종이 위에 흡착시키는 기법이다. 찍는 방법에 따라 다양하게 활용할 수 있다.

9) 실 그림

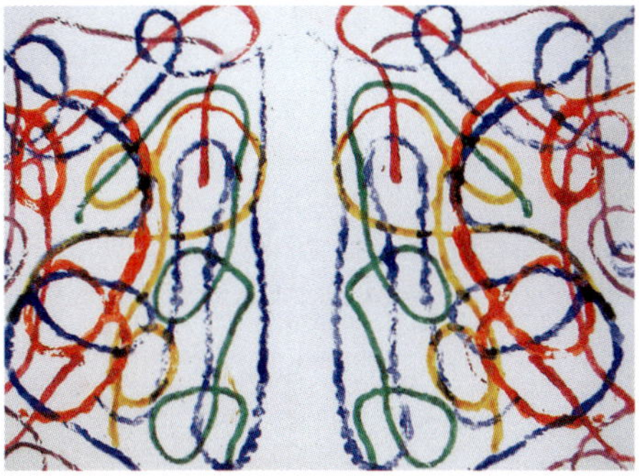

가늘고 굵거나 재질이 다른 다양한 실에 물감을 묻혀 화지 위에 여러 가지 모양으로 놓고 종이를 덮어서 실을 빼내거나 찍어내는 방법이다. 재료가 간단하고 방법이 쉬우므로 유아도 흥미 있게 제작할 수 있다.

10) 염색하기

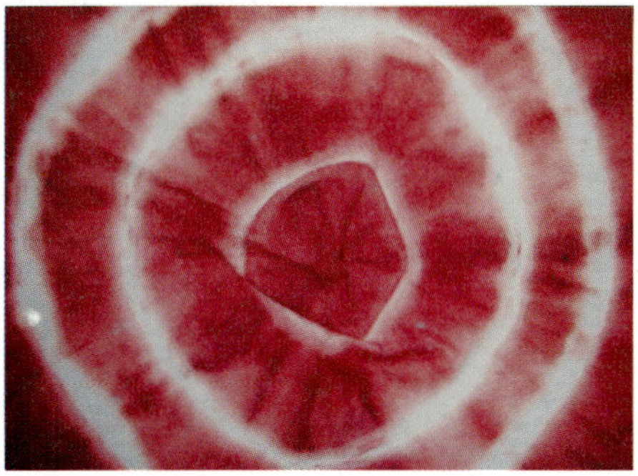

한지, 천 등을 접거나 오려서 물감으로 염색하는 방법이다. 종이는 수채화 물감으로 염색하며 천은 염색 물감이나 아크릴 물감으로 염색할 수 있다.

11) 반발성 기법

크레파스나 양초로 그림을 그리고 그림 물감으로 채색하면 크레파스나 양초로 그린 부분에는 물감이 묻지 않고 그림이 돋보이게 된다.

12) 탈색(색 빼내기)

흰색을 제외한 원래의 색을 탈색시켜 하얗게 만듦으로써 그림을 그리는 기법이다. 색습자지, 색상지, 셀로판지 등에 표백제를 이용하여 탈색 그림을 그릴 수 있다.

13) 지우개로 지워서 표현하기

화지 위에 4B 연필이나 파스텔로 밑색을 칠해 놓고 지우개로 지워 가며 그려 본다. 재료를 다른 각도에서 사용해 볼 수 있다.

14) 색습자지 염색 그림

화지에 분무기로 물을 뿌리고 색습자지를 찢어 붙인 후에 조금 있다 떼어내면 화지에 색습자지의 색이 염색된다.

15) 거품 그림

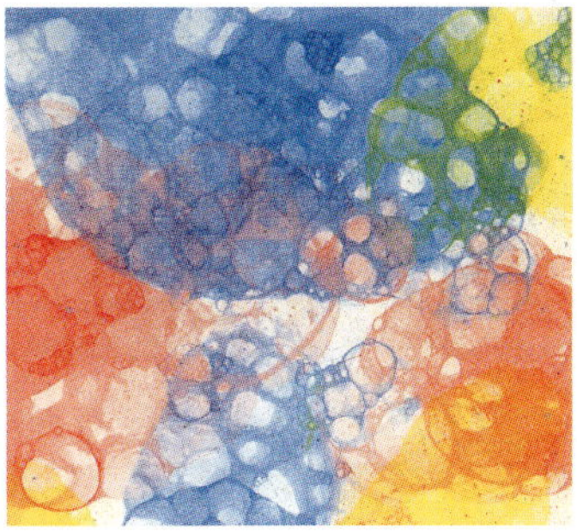

물감에 주방용 세제와 물을 섞어서 불면 거품이 생기는데 이 거품을 떠서 화지에 흡착시키면 재미있는 물방울 모양이 찍히게 된다. 먹물도 같은 방법으로 활용해 볼 수 있다.

16) 오브제

아무런 관계가 없는 물건이나 그 일부분을 본래의 용도에서 떼어 구성해 봄으로써 어떤 연상 작용이나 기묘한 효과를 얻을 수 있다.

17) 알코올 그림

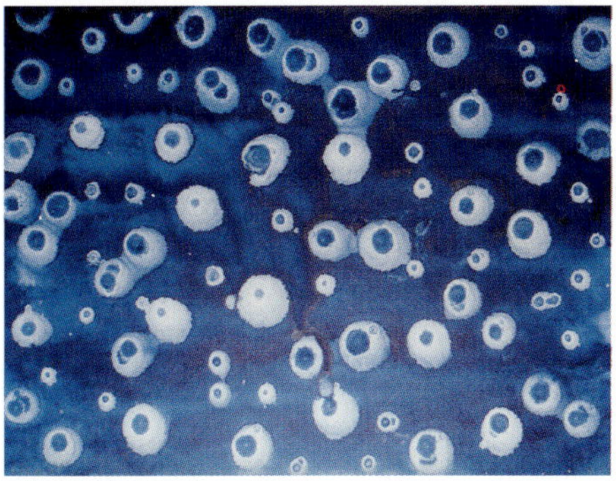

물감으로 칠한 면이 마르기 전에 알코올을 묻힌 면봉을 찍으면 알코올과 물감이 함께 휘발되면서 재미있는 효과가 나타난다. 눈 오는 날의 풍경이나 바닷속을 표현할 때 활용할 수 있다.

18) 나이프로 문지르기

화지 위에 물감을 묻힌 나이프로 문지르게 되면 손놀림에 따라 다양한 형태를 얻을 수 있고 문지른 끝에 날카로운 느낌이 독특하다.

19) 닦아내기(washing)

화지에 여러 색의 크레파스를 칠하고 포스터 물감에 주방용 세제를 섞어서 칠한 후 다시 붓으로 닦아내는 기법으로, 스크래치와 같이 밑의 색이 은은하게 보이게 된다.

20) 데칼코마니(decalcomanie)

화지를 반으로 접었다가 펴서 한쪽 면에 물감을 짜고 반으로 접어 문지른 후에 종이를 펼치면 좌우 대칭의 형태가 나타난다. 물감에 따라 종이, 우드락 등 다양한 재료에 활용해 볼 수 있다.

21) 크레파스 환상화

크레파스를 칼로 깎아서 화지 위에 놓고 신문지를 덮은 다음 다리미로 눌러서 녹인다. 크레파스가 녹아서 화지에 흡착된 후에 물감으로 칠하면 반발 작용으로 환상적인 무늬가 나타난다.

22) 옮겨 붙이기(shifting)

띠 모양으로 자른 형태를 조금씩 밀어 가면서 구성하는 것으로 원래의 그림과는 다른 형태로 옮겨 바뀌는 기법이다.

23) 스텐실(stencil)

부피가 얇은 종이나 OHP, 비닐 등에 무늬를 그려서 오려내고 그 구멍 안에 물감을 스며들게 하여 찍어내는 방법이다. 크레파스로 칠하여 문지를 경우 파스텔 같은 느낌을 낼 수 있다.

24) 찢어 붙이기

색종이나 신문지, 잡지 등을 재미있게 찢어서 화지에 붙이는 방법이다. 아동에게 색의 변화와 조화의 아름다움을 느끼게 할 수 있고 구성 능력과 재료 지배 능력을 기를 수 있다.

25) 모노타이프(monotype, monoprint)

책받침 같은 매끈한 표면에 물감을 칠한 다음 못이나 손가락으로 그림을 그리고 종이로 찍어 내는 방법이다. 그림을 찍어 내면 지워지기 때문에 한 번밖에 찍을 수 없다.

26) 스탬핑(stamping)

도장을 만들어 찍어 보는 활동으로 형태의 반복과 깊이를 느끼게 한다. 채소, 나뭇잎, 모루, 우드락, 스펀지, 장난감, 병뚜껑, 지우개 등 다양한 재료를 스탬핑 활동에 활용할 수 있다.

27) 소금 그림

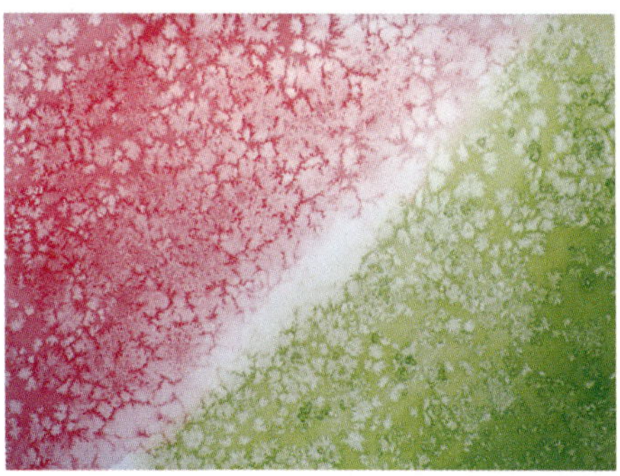

물감으로 칠한 면에 소금을 뿌리면 소금이 물감을 흡수하면서 독특한 무늬가 생긴다. 우주 표현, 바닷속, 부분 꾸미기 등에 활용할 수 있다.

28) 구슬 그림

구슬에 수채화 물감을 묻혀서 굴리면 재미있는 흔적이 남는다. 다만 구슬이 굴러갈 수 있으므로 쟁반이나 상자 안에 종이를 깔고 그 안에서 구슬을 굴리면 쉽게 활동할 수 있다. 플라스틱 병 안에 아크릴 물감을 묻힌 구슬을 넣고 흔들어도 같은 효과를 입체적으로 낼 수 있다.

29) 스테인드글라스

투명한 스테인드글라스 물감은 투명 아크릴판이나 투명 CD 케이스, 투명 페트병 등 투명한 재질의 재료에 사용한다. 스테인드글라스 물감 중 유일한 불투명한 검은색으로 밑그림을 그린 후 완전히 말린다. 검은색 라인 안쪽을 투명한 스테인드글라스 물감으로 채색하여 말리면 완성된다. 빛이 들어오는 창문에 붙이면 아름다운 그림을 감상할 수 있다.

30) 물풀 그림

투명한 물풀로 그림을 그린 후 완전히 말린다. 이때 형태를 풀로 채색하기보다는 선이나 점으로만 그림을 그리는 것이 좋다. 완전히 마른 물풀 그림 위에 여러 가지 색의 파스텔을 칠한 후 휴지로 닦아내면 물풀을 칠한 부분은 파스텔이 묻지 않아서 하얗게 그림이 나타나게 된다. 투명한 물풀에 식용색소를 넣어 녹이면 색깔 물풀도 만들 수 있다.

31) 프로타주(prottage)

'마찰', '문질러 내다'의 뜻을 가지고 있다. 요철이 있는 표면에 얇은 종이를 대고 크레파스나 연필 등으로 문질러 형태가 나타나게 하는 방법이다. 문질러 나타난 형태나 무늬를 오려서 화지 위에 붙여 꾸며 보거나 연상하여 덧그려 볼 수 있다.

32) 포토몽타주(photo-montage)

'조립·부분의 결합'을 의미한다. 눈·코·입을 각각 짜맞추어 만드는 몽타주 사진이 있다. 이 기법은 사진을 잘라 합성하여 다른 사진으로 만드는 것으로 유아의 상상력을 마음껏 발휘할 수 있는 활동이다.

33) 왁싱 기법(waxing)

잡지의 인쇄 면을 왁스로 닦아내는 기법이다. 색이 있는 잡지에 공예용 본드로 그림을 그리고 마른 후에 나머지 부분을 왁스(구두약)로 닦아낸다. 인쇄된 색을 닦아내어 그림이 바랜 듯한 느낌을 준다.

34) 모자이크(mosaic)

평면을 자유롭게 분할하여 색색으로 붙이거나 형상을 그리고 면을 나누어 타일이나 색지 등을 붙여 만든다. 모자이크 재료로는 색종이, 잡지 그림, 색 달걀 껍데기, 타일, 구슬, 단추 등 다양한 재료를 활용할 수 있다.

35) 손가락 그림

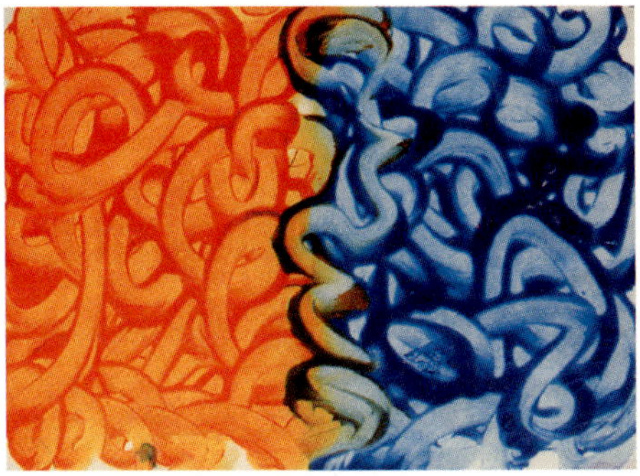

밀가루 풀에 물감을 섞어 색을 내고 화지 위에서 밀가루 풀의 감촉을 느껴 보며 손가락으로 그림을 그리는 방법이다. 이외에도 지문 찍기, 손 찍기, 발 찍기, 입술 찍기 등 신체를 이용하여 표현해 볼 수 있다.

36) 뜯어내기

골판지나 박스의 표면을 손으로 뜯거나 긁어내어 안쪽의 오목하게 들어간 면의 형태와 질감을 시각화하는 기법이다.

37) 크레파스 비밀 그림

흰색 종이에 흰색 크레파스와 같이 종이의 색과 크레파스 색을 같은 색으로 하여 밑그림이 보이지 않도록 한다. 4B연필처럼 심이 무른 연필을 그림 위에 눕혀서 색칠하듯이 칠하면 크레파스로 그린 부분에는 연필심이 더 검게 묻어나와 점점 그림이 나타나게 된다.

2 미술 재료의 종류와 특성

1) 재료 선택

창조적 표현 활동을 하는 데 있어서 문제가 되는 것은 구체적인 형과 색으로 나타내는 표현 재료에 대한 것이라 할 수 있다. 유아의 표현 재료에 대해서는 여러 가지 면에서 실천적으로 연구되고 있다. 유아가 창조적 표현을 할 수 있도록 하는 재료 선택에 대한 몇 가지 조건을 들어 보면 다음과 같다.

- 제재 표현 방법에 적합한 재료
- 신체 발달에 비추어 저항이 적은 재료
- 재료의 특색이 이해되어 효과적으로 취급할 수 있는 재료
- 가까운 생활 주변에서 쉽게 구할 수 있는 재료

무엇보다도 사용할 재료가 유아가 손에 잡고 들기만 하여도 무거워서 지쳐 버린다든지, 재료가 너무 커서 손으로 쥘 수 없다든지, 필요 이상의 힘을 내야 하는 재료라면 자기표현을 충분히 할 수 없게 된다. 유아는 창작적 활동 이전에 신체적 피로 때문에 자기표현 욕구가 좌절되고 말 것이다.

2) 재료의 종류

- 종이: 종이 박스, 신문지, 헌 책, 잡지, 포장지, 광고지, 소포 포장지, 장판지, 한지, 습자지, 쇼핑백, 상자, 다양한 재질의 종이, 닥종이, 화선지, 달력 종이, 컵종이, 골판지 등.
- 실, 천: 털실, 면실, 러닝셔츠, 넥타이, 와이셔츠, 면장갑, 각종 무늬와 재질의 천 조각, 스타킹, 양말 등.

- 건축 자재: 벽돌, 스티로폼, PSP, 나무토막, 백업, 합판 조각, 철사, PVC 파이프, 방습지, 톱밥 등.
- 자연물: 모래, 작은 돌, 조개껍데기, 건어물, 나무 표피, 솔방울, 나뭇가지, 나뭇잎, 풀, 마른 꽃, 각종 과일, 채소, 곡식, 볏짚, 갈대 등.
- 기타 폐품: 종이컵, 병마개, 은박 접시, 종이 접시, 플라스틱 용기, 아이스크림 막대, 음료수 캔, 사발면 용기, 요구르트병, 우유갑, 페트병, 유리병, 상자, 단추, 빨대, 빵끈, 필름통, 비닐봉지, 화장품 용기, 계란판, CD 케이스 등.

3) 회화 재료

(1) 크레파스

크레파스는 손쉽게 사용할 수 있으므로 아동 미술 활동에 가장 많이 사용하는 재료이다. 크레파스는 주원료인 파라핀에 색소를 넣어 만든 것이므로 자꾸 문지를수록 닳아서 부스러지거나 찌꺼기가 생기게 된다. 크레파스의 파라핀 성분의 특성을 이용하여 여러 가지 기법이 가능하다. 크레파스와 물감이 서로 섞이지 않는 반발성 기법, 녹여서 표현하기, 스크래치, 크레파스가 먹지 역할을 하는 베껴내기, 혼색도 가능하다. 크레파스는 종이뿐 아니라 장판지, 부직포, 사포, 돌, 나무 등에도 그릴 수 있으며 사인펜, 먹물, 파스텔, 유성 매직 등 다른 재료와 함께 사용할 수 있다.

(2) 연필

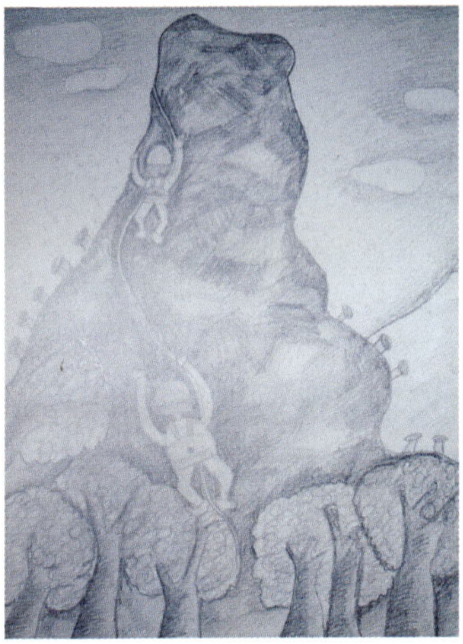

연필은 가장 익숙한 재료이지만 주로 글 쓰는 목적으로 사용하였다. 연필은 흑연의 심을 나무 속에 넣어 깎아 쓰도록 하였는데 단단한 정도에 따라 H에서 8H까지 있다. 보통 글을 쓸 때는 HB를 사용하며 좀 더 무른 4B는 그림을 그릴 때 사용하기 편하다.

(3) 먹물

먹은 한국화에서 가장 널리 쓰이는 재료로 소나무의 송진이나 기타 식물의 기름을 연소시켜 생긴 그을음을 아교로 굳혀 만든 것이다. 보통 벼루에 먹을 갈아서 쓰는데 요즘에는 먹물로 나와 있으며 붓으로 그리는 것뿐 아니라 나무젓가락 같은 도구에 묻혀서 그릴 수도 있다. 또한, 유아가 사용하기 편한 붓펜도 나와 있으므로 다양하게 활용할 수 있다.

(4) 수채화 물감

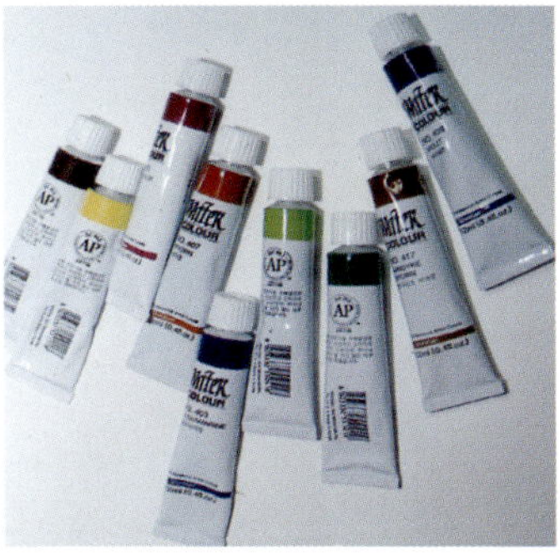

수채화 물감은 크레파스 다음으로 친숙한 재료이다. 물에 개어 사용하며 물의 양에 따라 농도가 다르게 표현된다. 유아가 다루기에는 어려움이 있으므로 사용 방법을 알려 주고 붓이나 팔레트 등 기타 도구의 사용법도 익힐 수 있도록 한다. 수채 물감은 흘리기, 번지기, 뿌리기 또는 다른 재료와 함께 이용하여 재미있는 효과를 낼 수 있으며 주로 채색 재료로 많이 쓴다.

(5) 과슈

불투명 수채의 일종이다. 투명 수채 화구보다 안료의 양이 많으므로 색 자체에 힘이 있다. 수채화처럼 엷은 색조의 작품부터 불투명하게 덧칠한 작품까지 가능하다.

(6) 펄 물감

물감에 펄이 들어 있어 독특한 색의 효과가 난다. 화지 뿐 아니라 점토에 채색하면 색다른 느낌을 낼 수 있다.

(7) 파스텔

파스텔이란 '반죽하다', '개다'라는 뜻으로 르네상스 시대에 유럽에서 탄생한 역사가 오래된 재료이다. 화지에 색가루를 묻혀서 표현하게 되므로 정착액(픽사티브)를 뿌려야 한다. 뿌리기 전에는 지우개로 쉽게 지울 수 있다. 가루이기 때문에 정착이 어렵고, 만지면 색이 묻어나고, 시간이 지나면 박락이 일어나는 단점이 있다. 그림을 그릴 때 쓰는 것 외에도 소금에 파스텔 가루를 섞어서 소금을 염색하거나 템페라 물감을 만들 때도 쓸 수 있다.

(8) 포스터 물감

수용성 화구로서 순도가 높아 혼색하여 간단히 색을 만들 수 있으므로 많은 색수는 필요하지 않다. 포스터 물감이 굳어 버리면 다시 쓸 수 없다고 생각하는데 용제가 굳은 것뿐이며 안료는 변화가 없으므로 물을 붓거나 뜨거운 물에 넣으면 원래 상태로 되돌릴 수 있다. 물을 섞어 수채화처럼 표현할 수도 있으며 불투명성의 특성을 살려 덧칠할 수 있다.

(9) 사인펜

사인펜은 선묘로 표현하거나 세부묘사가 필요할 때 효과적이다. 다만, 사인펜은 수성이라 물에 잘 번지므로 수채화 물감과 함께 사용할 경우 주의해야 한다. 수성의 특성을 살려 종이에 그림을 그린 후 물을 촉촉이 뿌린 빈 종이를 덧붙여 누르면 같은 모양이 찍혀 나오는 사인펜 판화를 해볼 수 있다. 사용 후 뚜껑을 잘 닫아 두어야 마르지 않는다.

(10) 매직

매직은 사인펜보다 심이 굵어서 좀 더 대담한 표현을 할 수 있다. 또한, 크레파스를 사용할 때 번지는 것을 싫어하는 유아는 매직으로 밑그림을 그리고 크레파스로 채색하면 번지지 않고 깔끔하게 그림을 완성할 수 있다. 매직은 수성과 유성 두 가지가 있는데 유성 매직은 수성으로 사용하기 어려운 비닐, 플라스틱, OHP 필름 등 다양한 곳에 사용할 수 있다.

(11) 염색 물감

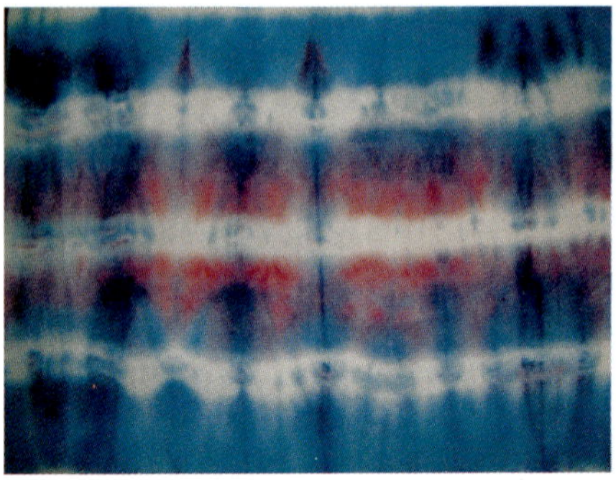

티셔츠나 손수건, 스카프 등 천에 사용하는 물감이다. 천에 직접 그림을 그릴 수도 있고 전체를 염색할 수도 있다. 마른 후 물에 빨아도 번지지 않는다.

(12) 아크릴 물감

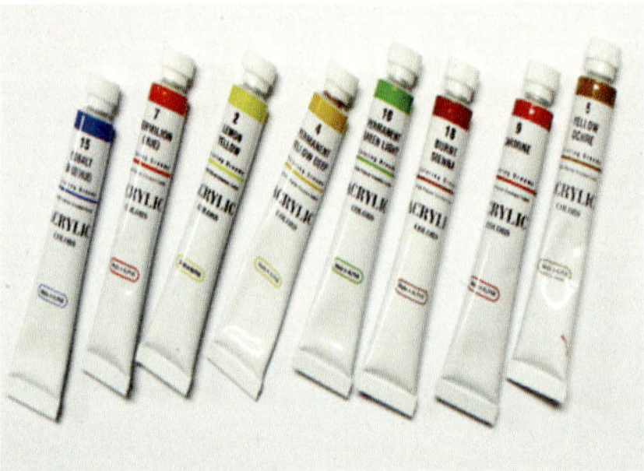

물로 희석하여 쓰며 물을 섞으면 수채물감처럼 사용할 수 있고 그냥 사용하면 유화처럼 두껍게 칠할 수 있다. 고착성이 있어서 유리, 플라스틱, 나무, 우유갑 등 다양한 재료에 채색할 수 있으며 톱밥 등을 섞어서 질감을 나타낼 수 있다. 단점이라면 빨리 건조되는 것인데 활동에 따라 장점이 될 수도 있다.

(13) 분장 물감

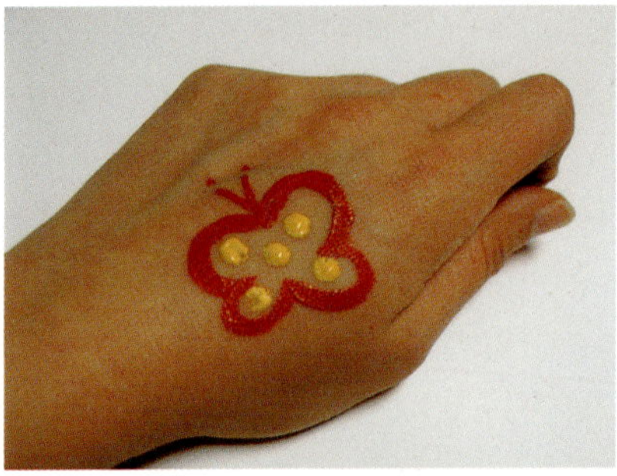

얼굴이나 몸에 직접 그림을 그릴 수 있는 물감으로 활동 후 물로 지워내면 된다. 행사 때 유아의 얼굴에 그림을 그리거나 서로의 몸에 그림을 그려 볼 수 있다.

(14) 스테인드글라스 물감

색유리 조각을 맞추어서 성당의 유리창이나 기타 장식품으로 사용되고 있는 작품을 모두 스테인드글라스 작품이라고 한다. 이 물감의 특성은 투명성으로 유리나 투명 접시, 투명 아크릴판, 투명 CD 케이스, 투명 페트병 등 투명한 재질에 그림을 그리면 색이 있는 물체를 만들 수 있다. 먼저 검은색 물감으로 밑그림을 그리고 마르면 다른 색으로 채색한다.

(15) 마블링 물감

물에 기름이 뜨는 원리를 이용하여 만든 물감으로 찍을 때마다 전혀 다른 무늬가 찍히게 된다. 한지, 화지, 복사지 등 종이에 잘 찍히며 지점토 말린 것이나 수성 페인트로 칠한 부분에도 찍힌다.

4) 조형 활동 기본 용구

(1) 접착제

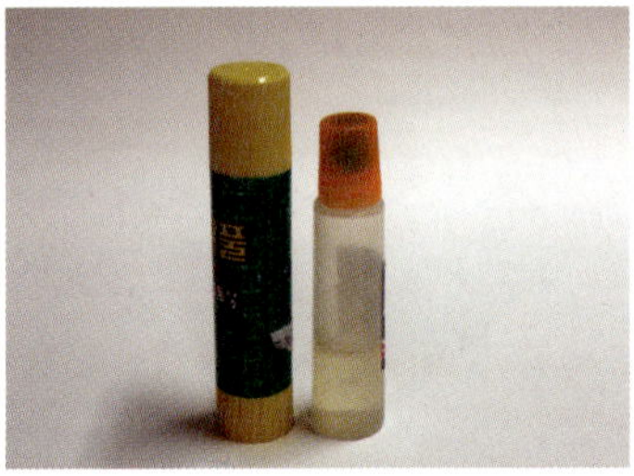

풀

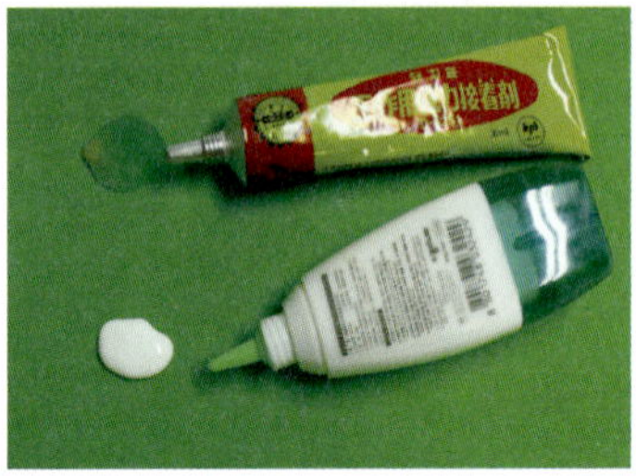

본드

테이프

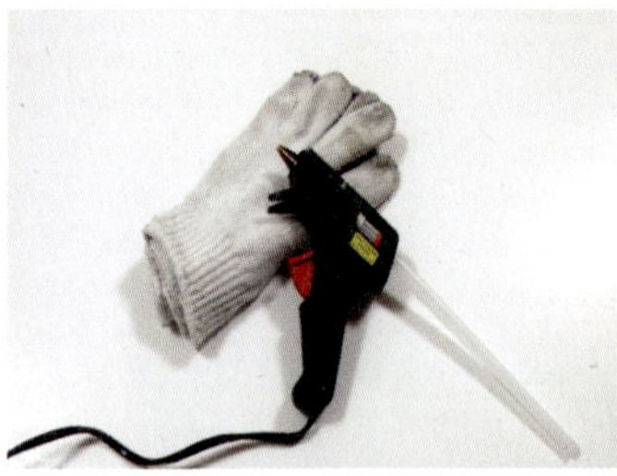

글루건

풀은 크게 물풀과 고체풀로 나눌 수 있다. 물풀은 종이를 쉽게 붙일 수 있으나 습기가 있어 종이가 울 수 있으므로 주의하고 많은 양이 한꺼번에 나올 수 있으므로 잘 조절하여 사용해야 한다. 고체풀은 물풀보다 쉽게 사용할 수 있으나 용기 안에 풀이 마를 수 있으므로 뚜껑을 잘 닫아 두어야 한다. 유아에게 풀 사용법에 대한 시범을 보여주어 효과적으로 사용할 수 있도록 한다.

본드는 노란색 공업용 본드와 흰색의 공예용 본드로 나눌 수 있다. 공업용 본드는 강력한 접착으로 모든 접착이 가능하나 마르는 시간이 오래 걸리고 한꺼번에 많은 양이 나올 수 있으므로 작은 용기에 짜 놓고 면봉으로 찍어서 사용하도록 한다. 공예용 본드는 마른 후 투명하게 되므로 깔끔한 처리가 가능하다. 스티로폼처럼 일반 본드로 녹을 수 있는 재료는 투명한 전용 본드를 사용하도록 한다.

테이프는 양면테이프와 일반 투명테이프로 나눌 수 있다. 양면테이프는 쉽게 접착이 가능하나 다시 떼어서 수정하기 힘들기 때문에 사용에 주의를 필요로 한다. 투명테이프는 유아도 쉽게 혼자서 접착할 수 있으므로 많이 사용하는데, 뜯어서 쓰는 것보다는 절삭 도구를 활용하는 것이 안전하다. 글루건은 단시간에 접착할 수 있고 접착력이 강하여 많이 활용한다. 다만, 화상의 우려가 있으므로 안전 장갑을 착용 후 사용하고 유아가 만지지 않도록 주의한다.

(2) 가위

유아용 가위

핑킹가위

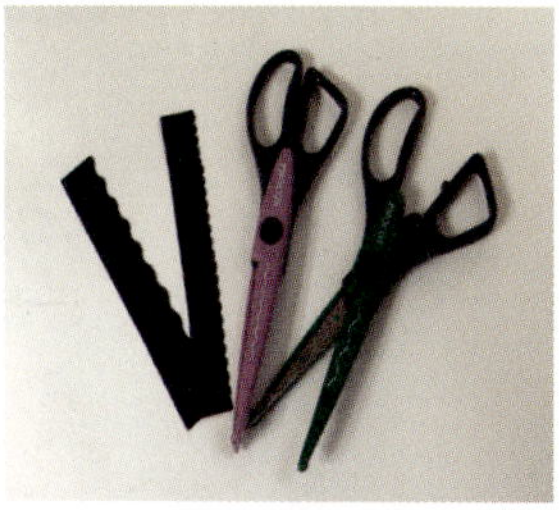
모양가위

2세 정도가 되면 가위질이 가능하며 자르는 것에 많은 흥미와 재미를 느끼게 된다. 가위를 잡는 것도, 자르는 것도 부족하지만 가위 사용의 기회를 많이 주는 것이 좋고 안전하게 사용할 수 있도록 지도와 관심이 필요하다. 처음 가위질을 할 때는 밀가루 점토와 같이 매우 부드러워 쉽게 잘리는 것을 경험하게 해 주는 것이 좋으며 점차 조절력이 생기면 잡지 그림, 색종이, 기타 종이 등을 자르게 하는 것이 좋다. 가위는 올바로 잡는 것이 매우 중요한데, 익숙해질 때까지 꾸준히 지도하는 것이 필요하다. 가위는 유아의 손 크기에 맞는 안전 가위를 준비하도록 하고 절삭력이 떨어지는 것은 가위질의 흥미를 떨어뜨리므로 질이 좋은 가위를 준비한다. 가위의 종류로는 핑킹가위, 모양가위처럼 여러 가지 모양으로 잘리는 가위가 있으므로 용도에 맞게 선택하면 효과적으로 사용할 수 있다. 가위 사용 후 가윗날에 묻어 있는 풀이나 접착제 등을 닦아서 보관하는 것도 잊지 말도록 한다.

5) 조형 활동 입체 재료

(1) 종이류

색종이

무늬 종이

동물 무늬 색종이

여러 가지 종류의 종이

한지

현장에서 가장 많이 사용하는 색종이는 크기, 모양, 무늬가 다양하고 종이 두께도 유아가 쉽게 자르거나 접을 수 있는 정도로 적당하다. 색종이는 단면, 양면뿐 아니라 다양한 무늬와 재질이 있으므로 표현하고자 하는 주제에 맞게 선택하는 것이 좋다. 예를 들어 동물을 표현할 경우 동물무늬 색종이를 활용하면 좀 더 효과적인 표현이 가능하고 유아의 호기심을 자극할 수 있다. 북아트를 하다 보면 다양한 종이를 사용하게 되는데 종이의 두께, 질감, 종이의 결 방향, 채색 여부 등을 꼼꼼히 따져 선택해야 효과적인 작품을 만들 수 있다. 색상지에도 펄이 있거나 구멍이 뚫려 있는 타공지, 엠보가 들어가 있는 종이, 나뭇결 질감 종이, 골판지 등 여러 가지 종류가 있어 선택의 폭이 넓다. 한지는 우리나라 고유의 느낌을 낼 때 효과적으로 사용할 수 있고 풀칠 시 접착도 잘되어 유아도 쉽게 사용할 수 있다.

(2) 우드락 및 스펀지

스티로폼

우드락

EVA(압축 스펀지)

스티로폼과 우드락은 두께도 다양하고 칼로도 쉽게 잘리며 특수절삭기로 자르면 곡선이나 원하는 모양으로 쉽게 바꿀 수 있다. 특히 우드락은 색이 다양하고 무늬도 있어서 환경 구성에도 효과적으로 쓸 수 있고, 종이 대신 매직이나 아크릴 물감을 이용하여 화지로도 활용할 수 있다. EVA는 일반 스펀지를 압축시켜 놓은 것으로 밀도감이 높아 단단하고 표면이 매우 부드러워 가위로도 쉽게 잘린다. 가볍고 재질이 질겨서 신발 밑창에 사용되기도 한다. 두께와 색이 다양하여 선택의 폭이 넓다. 연필, 볼펜, 매직, 크레파스로 그리기도 가능하며 입체 조형 활동에도 활용할 수 있다.

(3) 점토류

흙점토

지점토

컬러 점토

점토는 변형이 쉬워서 유아의 근육 발달에 효과적인 재료이다. 점토는 수분 유지가 중요하므로 사용하고 남은 점토는 랩으로 잘 싸서 공기가 닿지 않도록 해야 한다. 점토는 마르면 딱딱해지는데 마른 후 점토가 갈라지지 않게 하려면 충분히 점토를 주물러서 공기를 뺀 후 만들고, 완성 작품은 그늘에서 천천히 말려야 한다. 점토가 마른 후 아크릴 물감이나 수채화 물감으로 채색할 수 있다. 지점토는 흰색이어서 채색 시 발색이 더 용이하며 마른 후 가볍고 갈라지지 않아 목걸이 같은 장식품을 만들기에도 좋다. 컬러 점토는 색이 다양하여 채색이 필요 없다. 따라서 과일 같은 색깔을 표현하는 주제나 서로 섞어서 다른 색을 만들어 보는 혼색 수업에 효과적으로 사용할 수 있다. 유성 컬러 점토는 재사용할 수 있는 장점이 있으나 충분히 주물러야 부드러워지므로 유아에게 부적절할 수 있다. 그런 단점을 보완하여 나온 컬러 점토도 있는데 매우 부드럽고 가벼워서 유아도 쉽게 만들 수 있으나 마른 후에는 재사용이 어렵다. 그 외에도 나무 향이 나는 나무 점토, 형광 점토, 마블링 점토 등 다양한 점토가 소개되고 있어 수업의 주제에 따라 선택하여 사용할 수 있다.

(4) 자연물 및 채소, 과일

나무 조각 소라·조개껍데기 채소

자연물은 유아의 상상력을 자극하는 좋은 재료이다. 그러나 많은 양을 준비하기가 쉽지 않으므로 미리 철저한 계획을 세워야 한다. 수업 전 미리 가정에 알려서 준비할 수 있도록 하거나 많은 양이 필요한 경우 조형용으로 나와 있는 자연물 재료를 활용해도 좋다. 또는 야외수업을 계획할 때 아이들이 직접 채취하여 모은 후 만들어 보는 것도 즐거운 경험이 될 수 있을 것이다. 채소나 과일은 만들고 나서 버리기보다는 다시 음식재료로 활용하기 위해 본드를 사용하지 말고 이쑤시개 등을 이용하여 서로 꽂아서 연결하여 구성하도록 하고 완성작품은 사진으로 남기도록 한다. 채소, 과일을 잘라서 사용할 때는 습기 제거가 중요한데 키친타월 위에 올려두어 어느 정도 습기가 제거된 후에 만들도록 한다.

(5) 천류

부직포

일반 천

펠트

부직포는 펠트보다 좀 더 두껍고 거친 질감의 천이다. 딱풀로는 붙지 않고 본드나 글루건을 사용해야 한다. 동물 가면, 가방 만들기 등 여러 가지 조형 활동에 활용할 수 있다. 펠트는 부직포보다 얇고 질감도 부드러워 자르기도 쉽고 딱풀로도 붙는다. 크레파스나 매직으로 채색할 수 있어 평면 활동에도 사용할 수 있다. 또 간단한 바느질 수업에도 이용할 수 있다.

여러 가지 질감과 색깔, 무늬의 천은 콜라주 수업 때 매우 유용하게 사용할 수 있다. 부직포나 펠트는 문구점에서 구입이 가능하나 여러 가지 종류의 천은 평소 입지 않는 옷이나 천가방 등을 잘라 잘 모아 두도록 한다. 요즘에는 천의 한쪽 면에 접착되어 있어 자른 후 바로 붙일 수 있으며 우산 꾸미기, 깡통 연필꽂이 만들기 등에 활용할 수 있다.

(6) 색볼

부드럽고 동그란 모양으로 크기와 색이 다양하다. 입체 조형에 꾸미기 재료로 이용하거나 색볼을 서로 붙여서 여러 가지 재미있는 모양을 만들 수 있다.

(7) 백업

굵기가 다양하며 가위나 칼로도 쉽게 자를 수 있고 부드럽다. 백업으로 둥근 모양을 만들기는 쉽지만 정교한 모양은 어려운데 이런 단점을 보완하여 요즘에는 백업 안에 철사가 들어 있어 원하는 모양을 쉽게 만들 수 있도록 한 것도 있다. 흰색, 빨간색, 노란색, 초록색, 파란색, 주황색, 보라색 등 아직은 색이 많지 않은 편이다.

(8) 인형눈

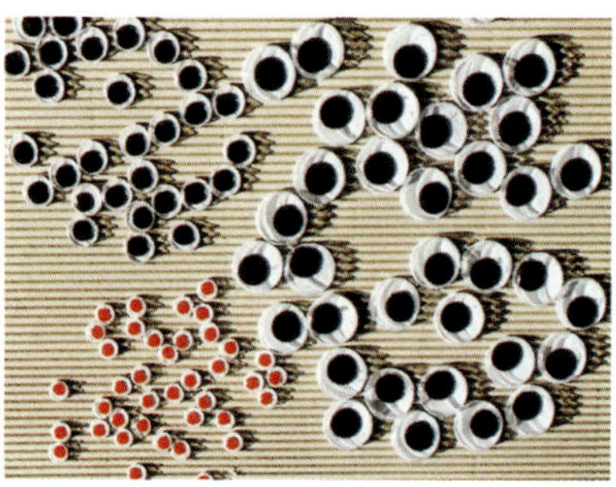

눈동자가 움직이게 만들어져 있어서 유아가 아주 좋아한다. 크기가 다양하며 검정과 빨강 두 가지 색이 있다. 둥근 모양뿐 아니라 타원형 모양의 눈도 있고 눈썹이 그려져 있는 등 재미있는 눈의 모양이 많이 소개되고 있다. 이런 인형눈을 활용해도 좋지만 때로는 흰자와 눈동자를 직접 표현해 보는 것도 좋은 경험이 될 것이다.

(9) 꽃술

조화를 만들 때 많이 사용된다. 색도 다양하며 꽃술의 모양도 여러 가지가 있다. 꽃을 만들 때 사용하면 생동감 있는 표현을 할 수 있다.

(10) 볼 스티로폼

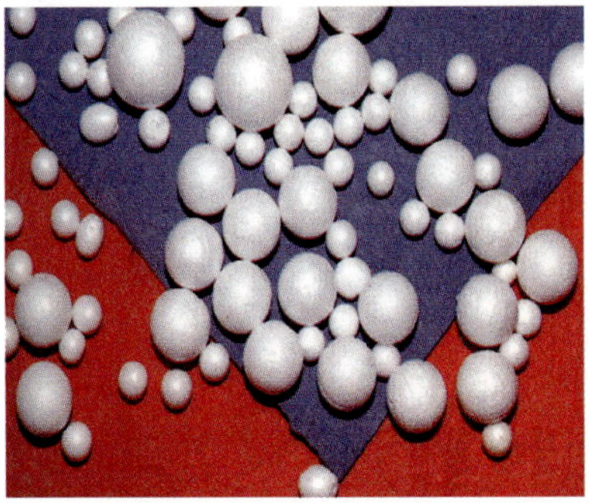

동그란 모양의 스티로폼이다. 크기가 다양하며 입체 조형에 많이 사용된다. 색이 있는 볼 스티로폼도 있으므로 활동 주제에 따라 선택하여 사용할 수 있다.

(11) 스팽글

화려하게 장식하고 싶을 때 사용하면 좋다. 모양과 색이 다양하고 구멍이 뚫려 있어 스티로폼 등에 진주핀으로 꽂아서 붙일 수도 있다.

(12) 모루

가는 철사 심지가 들어 있어 원하는 모양으로 잘 구부려진다. 색, 굵기, 모양도 다양하게 나와 있다. 그리기 활동 시 선재로 쓸 수 있으며 모루 도장 찍기, 모루를 꼬아서 여러 가지 모양 만들기, 입체 조형에 꾸미기 재료로 이용할 수 있다.

(13) 장식 리본

리본끈은 종류와 굵기가 다양하여 선택의 폭이 넓다. 그러나 유아가 리본끈을 이용하여 리본을 만들기는 어려우므로 이미 만들어져 있는 장식 리본을 이용하면 쉽게 꾸밀 수 있다. 장식 리본은 색과 무늬, 크기가 다양하게 나와 있으므로 원하는 부분에 붙이기만 하면 된다. 아주 큰 리본이 필요할 때는 미리 교사가 리본끈으로 만들어 두도록 한다.

(14) 시트지

한쪽이 접착면으로 되어 있으며 간판이나 유리창에 그림이나 글자를 붙일 때 쓰인다. 색 시트지, 투명 시트지, 무늬 시트지, 보는 방향에 따라 색이 달라지는 홀로그램지 등 다양한 종류가 있다.

(15) 매직콘

옥수수 전분으로 만들어져 있어 유아에게 해롭지는 않지만 가급적 입에 대지 않도록 한다. 부드럽고 가벼워 칼로도 잘 잘리고 물만으로도 서로 잘 붙어서 입체적인 표현에 유용하게 사용할 수 있다. 다만, 너무 많은 양의 물을 묻히면 녹아서 없어지므로 약간 젖은 얇은 스펀지 등에 찍어서 붙이도록 한다.

(16) 여러 가지 폐품

우리 생활 주변에 수많은 폐품은 모두 미술 활동의 재료가 될 수 있다. 폐품은 버리는 물건이 아니라 다양하게 재활용할 수 있는 방법을 배울 수 있고 각 폐품이 가지고 있는 형태나 특성을 파악하여 독창적인 예술품으로서의 가능성을 탐색해 볼 수 있다. 폐품은 부피가 크기 때문에 많은 양을 준비하기가 쉽지 않다. 따라서 철저한 계획을 통해 준비해야 하는데 우유갑이나 요구르트 용기 같은 경우는 간식 시간에 먹고 잘 씻어 말린 후 사용하면 좋다. 또 가정에 미리 알려서 가져오도록 하는 경우, 미처 준비하지 못한 유아가 있을 수 있으므로 여분의 폐품을 준비해 놓도록 한다. 큰 상자 같은 경우는 가전제품 판매점에서 구할 수 있다. 생활에서 나오는 폐품을 미리 종류별로 모아 두는 습관도 지녀 보자. 폐품을 준비할 때 주의할 점은 무엇보다도 안전과 위생이다. 유아가 사용하기에 위험한 것은 없는지 살피고 깨끗이 세척하고 말려서 사용하도록 한다.

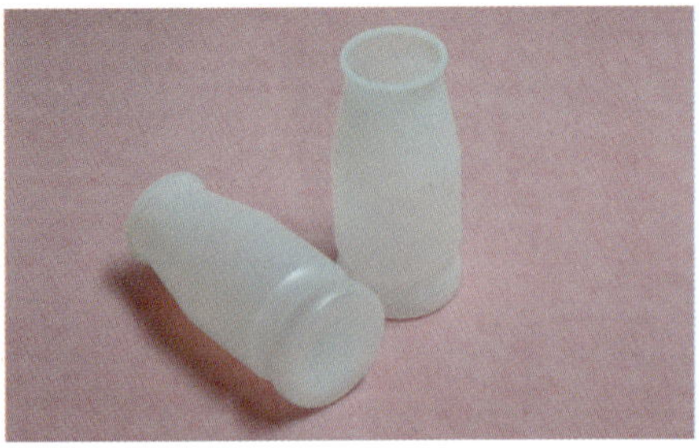

요구르트 용기

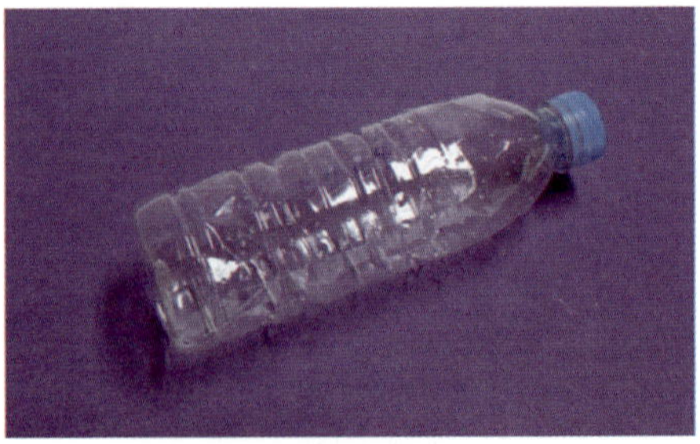

PET 용기

CD

종이 접시

종이컵

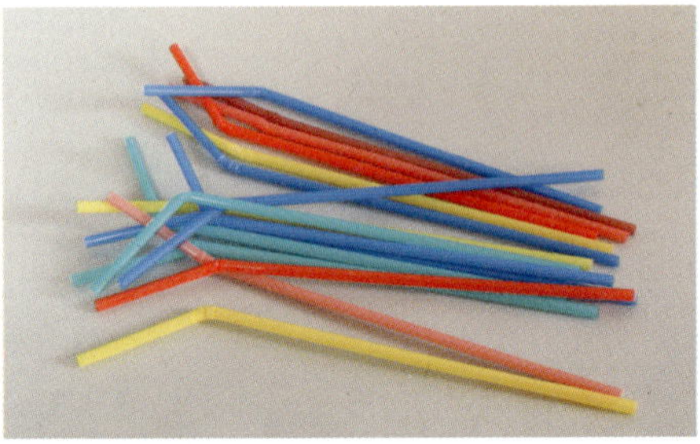

빨대

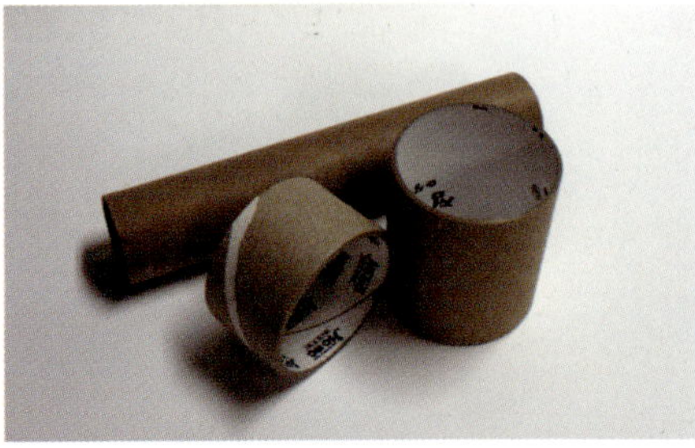

휴지심

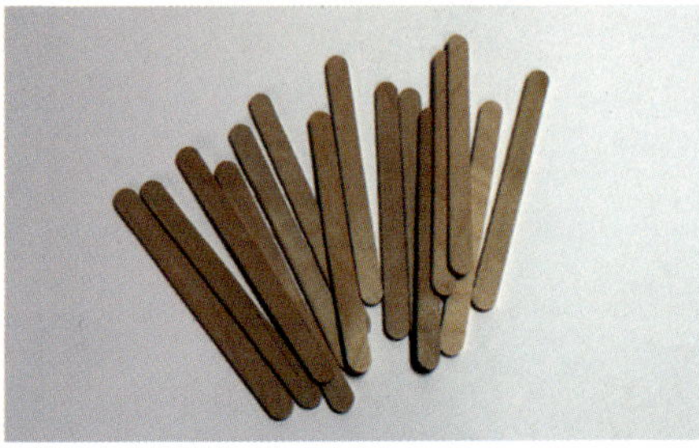

아이스크림 막대

Chapter 04

연간 미술 교육 프로그램

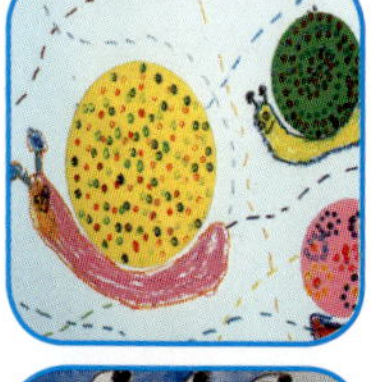

3월 미술 활동

여러 가지 선 그리기
마음대로 찢기
모양 종이 구성하기
맛있는 도넛
색종이 찢기, 오리기 + 연상하여 그리기
모양 찾아 찍기
휴지 물들이기
공 만들기
신문지로 만들기
데칼코마니를 이용한 여러 가지 표현 방법
색습자지 전사 그림
부분 스크래치
선 모양 연상하여 그리기
손 모양 찍기
내 얼굴 표현하기
나무젓가락 구성놀이(공동 작품)

여러 가지 선 그리기

활동목표 여러 가지 선 모양을 유아 주변에서 찾아 그려 보고 다양한 선 모양을 이용하여 꾸며 볼 수 있다.

준비물 크레파스, 그림물감, 여러 가지 모양 스티커

활동방법

1. 다양한 종류의 선에 대해 이야기해 보고, 유아 주변에서 여러 가지 선의 모양을 찾아 그려 본다.
2. 화지 위에 여러 가지 모양의 스티커를 붙이고 그 모양을 따라 크레파스로 그린다.
3. 나비나 꽃 등 간단한 사물을 그려 놓고 다양한 선을 이용하여 꾸며 본다.
4. 그림물감으로 부분적으로 채색하거나 전체를 채색한다.

마음대로 찢기

활동목표 색종이를 마음대로 찢어 보고 나타나는 여러 가지 형태를 발견할 수 있다.

준비물 색종이, 화지, 풀

활동방법

1. 색종이를 마음대로 찢어 본다. 길게 찢어 보고, 반으로 접어 짧게도 찢어 본다.
2. 활동을 시작할 때 유아들이 부담 없이 찢도록 지도한다.
3. 찢어진 색종이 중에 재미있는 모양을 찾아본다.
4. 화지에 나름대로 재미있게 구성하여 풀로 붙여 본다.

모양 종이 구성하기

활동목표 동그라미, 세모, 네모 모양을 서로 구성하여 다양한 사물을 표현할 수 있다.

준비물 색종이, 가위, 풀

활동방법

1. 두 가지 이상의 도형이 합쳐지면 어떤 사물과 비슷한지 서로 이야기해 본다.
2. 색종이를 동그라미, 세모, 네모 등 여러 가지 모양과 크기로 잘라 놓는다.
3. 도형 색종이를 자유롭게 구성해 보고 무엇을 표현할지 생각해 본다.
4. 처음에는 간단히 한 가지 정도만 표현하고 익숙해지면 여러 가지 사물을 함께 표현해 본다.

맛있는 도넛

활동목표 도넛의 모양과 색깔, 냄새, 맛 등 오감 활동을 통해 형태를 탐색하고 물감을 이용하여 도넛의 특징을 자유롭게 표현해 볼 수 있다.

준비물 갈색 색상지, 면봉, 수채화 물감, 크레파스나 매직, 설탕, 물풀, 화지

활동방법

1. 여러 가지 모양의 도넛을 준비하여 냄새도 맡아 보고 생긴 모양과 색깔 등을 탐색해 본다.
2. 갈색 색상지를 도넛 모양으로 자른 후 화지 위에 붙인다.
3. 물풀을 칠하고 설탕을 뿌린 후 남은 설탕은 털어낸다.
4. 면봉에 물감 묻혀 찍기, 물감을 짜서 잼 표현하기 등 자유롭게 도넛을 완성한다.
5. 물감이 완전히 마른 후 누구의 도넛이 맛있게 표현되었는지 서로 이야기해 본다.

활동 유의점

유아들이 도넛과 비슷한 색을 물감에서 직접 찾아보도록 하고 물감 사용이 익숙하지 않으므로 작은 그릇에 물감을 짜서 면봉에 묻혀 쓰도록 한다.

색종이 찢기, 오리기 + 연상하여 그리기

활동목표 색종이를 마음대로 찢고, 오려서 화지에 붙이고 그 붙여진 모양에서 연상되는 사물을 찾아 재미있게 그려 본다.

준비물 색종이, 물, 화지, 크레파스

활동방법

1. 색종이를 자유롭게 찢거나 오려 본다.
2. 찢거나 오려낸 색종이를 늘어놓고 하나씩 보면서 어떤 사물의 모양과 비슷한지 찾아본다.
3. 색종이를 화지 위에 붙여 구성하고 비슷한 사물을 찾아 그려 본다.
4. 한 가지 모양이라도 상하좌우로 돌려 가면서 보면 또 다른 모양을 발견할 수 있다. 이러한 관찰 활동을 통하여 유아의 상상력과 스스로 생각하는 사고력을 길러 준다.

모양 찾아 찍기

활동목표 동그란 모양, 네모난 모양의 사물을 찾아 찍어 볼 수 있다.

준비물 여러 가지 물체, 그림물감

활동방법

1. 여러 가지 물체 중 동그란 모양이나 네모난 모양의 물체를 찾아본다.
2. 찾아낸 물체에 물감을 묻혀 화지에 찍어 본다.
3. 다양한 색의 물감으로 자유롭게 찍어 보고 완성된 작품을 감상해 본다.

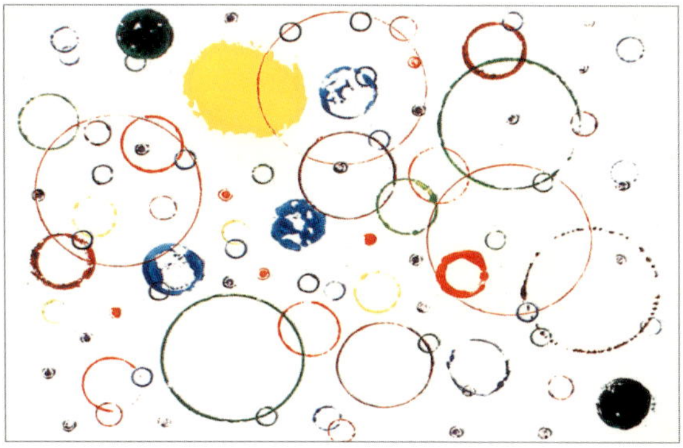

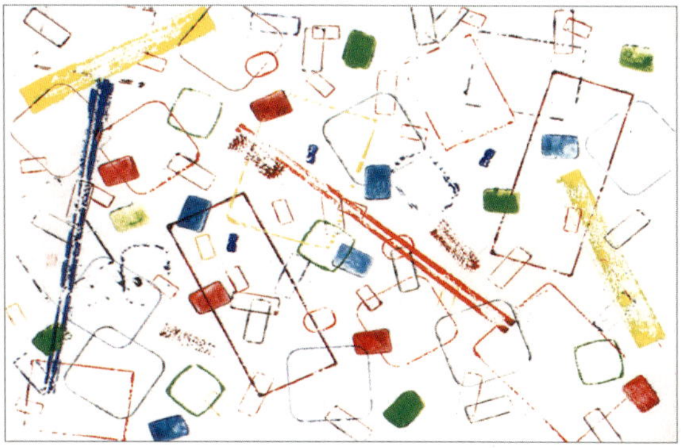

휴지 물들이기

활동목표 수채화 물감의 특성을 이해하고 재료 사용 방법을 익혀보도록 한다. 또한, 색의 아름다움과 변화를 감상하고 완성된 휴지를 활용하여 나비를 표현해 볼 수 있다.

준비물 휴지, 물감물, 붓, 신문지, 가는 모루

활동방법

1. 여러 가지 색의 수채화 물감을 미리 종이컵에 짜서 물감물을 만들어 둔다.
2. 붓 잡는 방법과 물감 찍는 방법을 시범으로 보여 준다.
3. 신문지 위에 휴지를 놓은 후 붓끝을 살짝 찍어 물감이 번지는 것을 관찰해 본다.
4. 같은 방법으로 여러 가지 색으로 장식한다.
5. 휴지가 완전히 마른 후 가운데 부분을 가는 모루로 감싸서 나비를 만든다.
6. 완성된 나비는 모빌로 교실에 장식하거나 환경 구성에 활용해 본다.

활동 유의점

물감을 너무 많이 떨어뜨리지 않도록 붓에 물감을 묻혀 콕콕 찍는다.

공 만들기

활동목표 생활 주변에서 쉽게 볼 수 있는 신문지를 이용하여 놀잇감을 만들어 본다.

준비물 신문지, 쿠킹포일, 유성 매직

활동방법

1. 신문지를 구겨서 동그랗게 만든다(크기는 마음대로).
2. 쿠킹포일에 유성 매직으로 무늬를 그린다.
3. 동그랗게 만든 신문지를 쿠킹포일로 싸서 공을 만든다.
4. 놀잇감으로 활용해 본다.

응용 활동

신문지를 찢어서 놀아 보고 다시 비닐봉지에 담아서 공을 만들 수 있다.

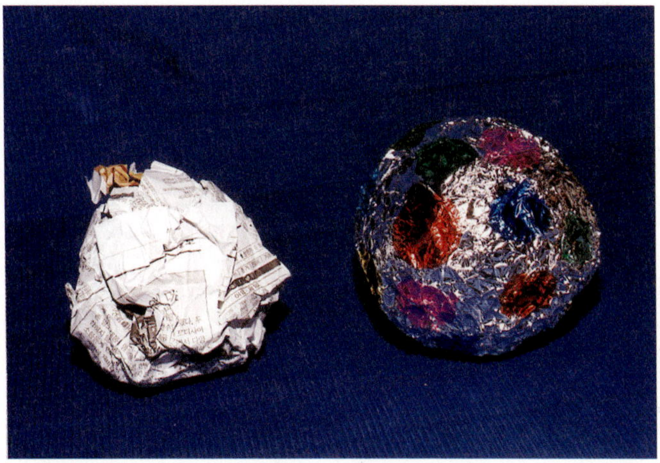

신문지로 만들기

활동목표 찢어낸 신문지 조각을 모아서 조형 활동에 활용할 수 있다.

준비물 신문지, 비닐봉지, 색종이, 인형눈, 양면테이프, 모루, 색볼

활동방법

1. 신문지를 구기거나 찢어 보며 자유롭게 탐색한다.
2. 찢어낸 신문지 조각을 비닐봉지에 넣어서 모루로 묶는다.
3. 어떤 모양 같은지 생각해 본다.
4. 색종이로 지느러미, 입, 꼬리, 귀, 머리, 입 등을 오려서 붙인다.
5. 얼굴은 색볼로 코를 표현하고, 인형눈을 붙여서 완성한다.

활동 유의점

비닐 위에 풀로 색종이를 붙이면 나중에 떨어질 수 있으므로 양면테이프로 붙인다.

데칼코마니를 이용한 여러 가지 표현 방법

활동 목표 새로운 표현 방법을 탐색해 보고, 창의력을 키우는 미술 활동이 되도록 한다.

준비물 그림물감, 크레파스, 화지, 고무줄

활동방법

✠ 데칼코마니 + 연상하여 그리기

1. 화지를 반으로 접었다가 다시 편다.
2. 접었던 한쪽 면에 물감을 자유롭게 짠다.
3. 화지를 다시 덮어 손바닥으로 문지른 다음 다시 펼친다.
4. 펼쳐서 나타난 그림을 보고 연상하여 크레파스로 재미있게 그려 본다.

✠ 데칼코마니 가면 만들기

1. 종이를 반으로 접어 원하는 모양으로 오리고 눈과 입도 오려 낸다.
2. 한쪽 면에 물감으로 여러 가지 무늬를 그린다.
3. 다시 접어 손바닥으로 문지른 다음, 펴서 완전히 말린다.
4. 고무줄을 끼워서 얼굴에 쓰고 가면놀이에 활용한다.

색습자지 전사 그림

활동목표 색습자지의 색을 화지에 물들여 보고, 새로운 표현 방법을 탐색해 볼 수 있다.

준비물 색습자지, 분무기, 크레파스

활동방법

1. 화지에 대담하게 크레파스로 밑그림을 그린다.
2. 색습자지로 물들이고 싶은 부분을 빼고 크레파스로 채색한다.
3. 남은 부분에 붓으로 물을 칠하고 색습자지를 찢거나 오려 붙인 후 5분 정도 있다가 떼어내면 색습자지의 색이 화지에 물들여진다.
4. 같은 방법으로 바탕만 물들여 채색해 볼 수 있다.

활동 유의점

- 물을 많이 칠하게 되면 색이 흐려지고 붙여 놓은 모양이 선명하지 않으므로 휴지로 살짝 물기를 제거한다.
- 반대로 물이 없을 경우 색습자지가 들떠서 색이 물들여지지 않으므로 색습자지를 화지에 물로 완전히 붙인다.
- 떼어낸 색습자지는 옷이나 책상 등에 물들 수 있으므로 따로 모아서 버린다.

부분 스크래치

활동목표 획일적이고 단순한 표현 활동의 틀에서 벗어나 다양한 표현 방법을 찾아보고 즐거운 미술 활동이 되도록 한다.

준비물 화지, 크레파스, 못이나 송곳, 그림물감

활동방법

1. 재미있는 그림의 소재를 찾아 화지에 밑그림을 그린다.
2. 그림의 중심 주제 부분에 면을 나누어 여러 색으로 채색하고 다시 진한 색 계열(검정, 군청 등)의 크레파스로 그 위에 덧칠한다.
3. 못이나 송곳 등의 뾰족한 도구를 이용하여 다양한 선 무늬나 모양을 그려 꾸며 주고 부분적으로 긁어낸다.
4. 남은 부분은 주제와 관련된 것을 그려 넣고 배경은 그림물감으로 채색한다.

활동 유의점

- 긁어낸 크레파스 가루는 바닥에 버리지 않도록 한다.
- 면을 나누어 칠하는 부분은 밝은 색 계열으로 채색한다.

선 모양 연상하여 그리기

활동목표 여러 가지 선 모양을 보고 연상되는 사물이나 풍경 등을 찾아서 그려 볼 수 있다.

준비물 화지, 크레파스, 사인펜

활동방법

1. 교사가 화지 위에 여러 가지 간단한 선을 자유롭게 그려 준다.
2. 그려진 선 모양을 여러 방향으로 돌려 보며 연상되는 것들을 이야기해 본다.
3. 크레파스나 사인펜을 이용하여 연상되는 것을 선에 덧붙여 그린다.
4. 재미있게 그려진 그림을 찾아 이야기해 본다.

활동 유의점

복잡한 선보다는 간단한 선을 그려 주고, 여러 방향에서 돌려 보며 생각나는 것들을 찾아보도록 한다.

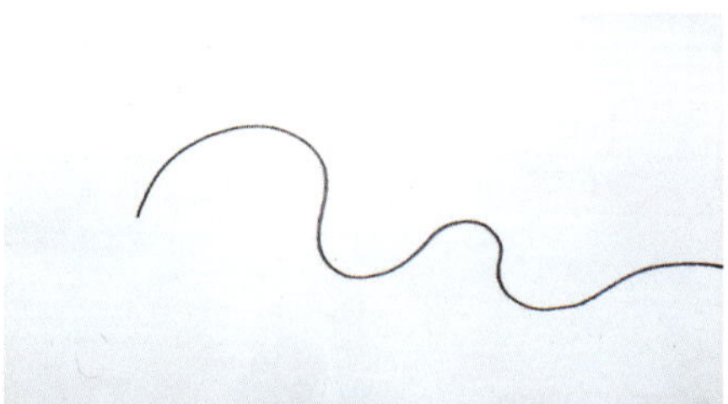

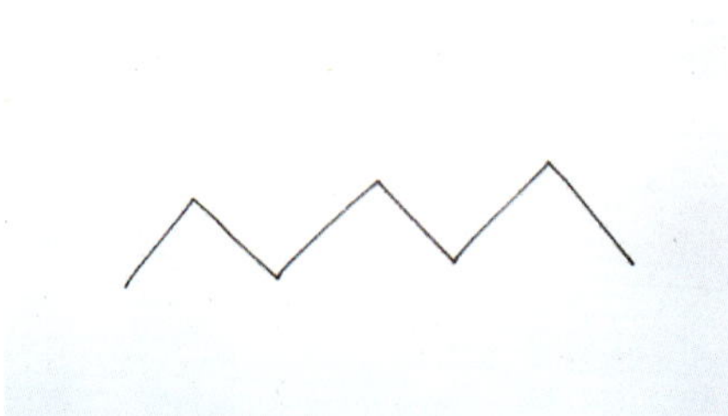

손 모양 찍기

활동목표 체감적 미술 활동을 통해 자아 개념을 높이며 표현의 폭을 넓히고 흥미를 북돋울 수 있다.

준비물 찰흙, 사발면 용기, 석고, 이쑤시개, 래커 스프레이

활동방법

1. 찰흙을 잘 주물러 사발면 용기(용기만 슈퍼에서 구입 가능) 안에 반쯤 넣고 평평하게 편다. 이때 용기가 찢어지지 않도록 주의하고 찢어질 경우 테이프로 붙인다.
2. 어떤 손 모양을 찍을 것인지 생각해 보고 찰흙에 손을 찍어 낸다.
3. 이쑤시개로 이름을 쓴다(이름은 거꾸로 써야 한다).
4. 석고 가루를 잘 반죽하여 용기 안에 붓고 굳으면(10~15분 정도 소요) 용기를 찢고 찰흙을 떼어 낸다.
5. 손 모양을 떠낸 석고를 신문지 위에 놓고 하루 정도 더 말린 후에 금색이나 은색 래커 스프레이를 뿌려 준다.

활동 유의점

걸 수 있는 고리를 달 경우 손을 찍을 때 위쪽 표시를 해두고 석고가 굳기 전에 끈이나 철사를 끼워 넣는다.

내 얼굴 표현하기

활동목표 점토를 이용하여 얼굴의 특징을 살려 입체적으로 표현할 수 있다.

준비물 지점토, 하드보드지

활동방법

1. 눈을 감고 자신의 얼굴을 만져 보고, 거울을 보고 얼굴의 형태도 살펴본다.
2. 지점토를 반으로 떼어 손으로 주무른 후 하드보드지에 넓게 펴서 얼굴의 형태를 만든다.
3. 남은 지점토로 머리, 눈썹, 눈, 코, 입, 귀 등을 자세히 관찰하여 만들어 붙인다.
4. 입체적으로 표현할 수 있도록 동기를 부여해 준다.
5. 덧붙인 것은 마른 후에 떨어질 수 있으니 미리 본드를 살짝 칠하여 붙이고 그늘에서 완전히 건조한다.

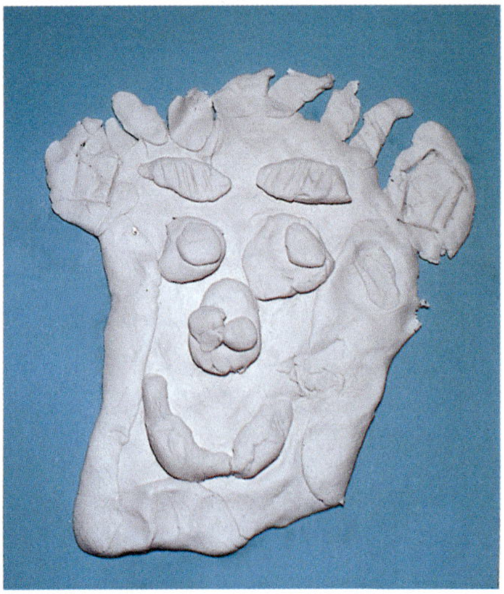

나무젓가락 구성놀이(공동 작품)

활동목표 아크릴 물감의 사용 방법과 특성을 이해하고 여러 가지 색으로 채색하며 색의 아름다움을 느껴본다. 완성된 나무젓가락은 친구들과 함께 자유롭게 구성해 보면서 협동심을 기를 수 있다.

준비물 나무젓가락, 아크릴 물감, 점토, 본드

활동방법

1. 나무젓가락을 나누어 낱개로 만든다. 이때 잔가시가 없는지 살펴서 손이 찔리지 않도록 주의한다.
2. 아크릴 물감으로 나무젓가락에 채색하는 방법을 시범으로 보여 준다.
3. 원하는 색의 물감으로 나무젓가락을 채색하여 완전히 말린다.
4. 두꺼운 종이 위에 점토를 산처럼 만든다.
5. 나무젓가락을 자유롭게 꽂아서 구성한다.
6. 어느 모둠이 재미있게 표현되었는지 느낌을 서로 이야기해 본다.

활동 유의점

- 아크릴 물감은 건조가 빨라 유아들도 쉽게 사용할 수 있다.
- 교사는 채색하여 말린 나무젓가락을 다양한 길이로 잘라 준다.
- 점토에 꽂기, 서로 겹쳐 붙이기, 여러 가지 모양 만들기 등 다양한 모둠 활동이 가능하다.

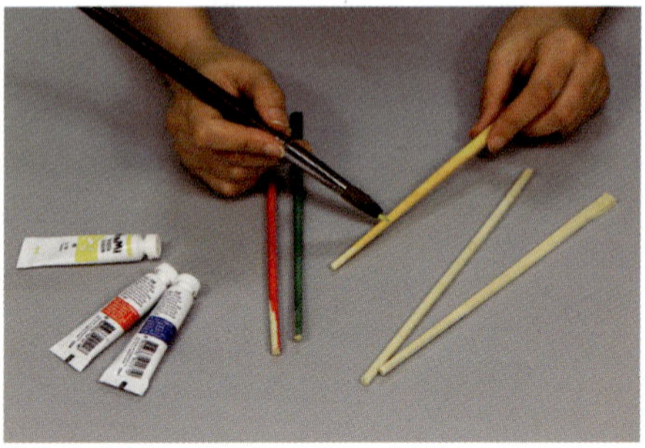

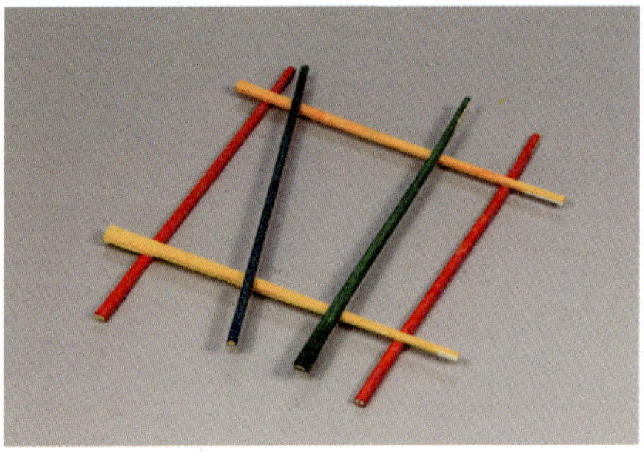

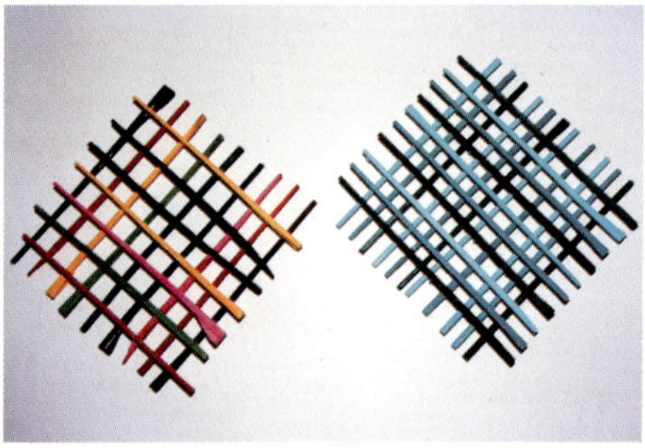

4월 미술 활동

물풀 그림
꽃과 나비
얼룩말 꾸미기
상자 동물 만들기
꿀꿀꿀 돼지
공작새 만들기
지우개 그림
손 모양 꽃 만들기
손바닥 찍고 표현하기
스크래치 느낌 표현하기
쇼핑백 가면 만들기
비밀 그림
잡지 스크래치
잡지 콜라주
반쪽 얼굴 그리기
롤러 그림(공동 작품)

물풀 그림

활동목표 물풀과 파스텔의 재료 사용 방법을 익히고 각 재료가 갖는 특성을 활용하여 비밀 그림을 표현해 볼 수 있다.

준비물 물풀, 화지, 파스텔, 휴지

활동방법

1. 화지 위에 물풀로 그림을 그린다. 이때 풀이 충분히 칠해지도록 해야 나중에 효과가 잘 나타난다.
2. 물풀이 손에 묻지 않도록 하루 정도 완전히 말린다.
3. 파스텔을 만져 보고 어떤 느낌이 나는지, 어떻게 사용하는지 서로 이야기해 보고 교사가 사용 방법을 보여 준다.
4. 원하는 색의 파스텔을 2~3가지 정도 고른 후 파스텔을 눕혀서 화지에 칠한다.
5. 휴지로 위에서부터 문지르며 닦아 내려간다. 중간에 깨끗한 휴지로 바꿔가며 닦는다.
6. 서서히 나타나는 그림을 감상해 본다.

활동 유의점

파스텔을 진하게 칠해야 효과가 잘 나타나며, 파스텔이 묻어나지 않을 정도까지 닦아낸다.

꽃과 나비

활동목표 봄에 피는 꽃의 종류를 알아보고 꽃의 특징을 살려 표현할 수 있다.

준비물 화지, 크레파스, 그림물감, 인형눈

활동방법

1. 봄에 피는 꽃에는 어떤 종류가 있는지 알아본다.
2. 그리고자 하는 꽃의 특징을 잘 살려 크레파스로 화지 위에 그려 본다.
3. 32절 크기의 종이를 반으로 접어 나비 모양으로 오린다.
4. 나비 모양으로 오린 종이의 한쪽 면에 물감을 짜고 다시 반으로 접었다 펴서 데칼코마니 기법을 이용하여 나비의 무늬를 표현해 준다.
5. 나비에 인형눈을 붙이고 그림의 원하는 위치에 붙인 후 더듬이를 그려 넣는다.

얼룩말 꾸미기

활동목표 얼룩말의 특징을 살려 색종이와 털실을 이용하여 표현할 수 있다.

준비물 색종이, 크레파스, 털실, 양면테이프

활동방법

1. 얼룩말의 참고 사진을 준비하여 특징을 이야기해 본다.
2. 얼룩말의 몸체와 얼굴을 화면 중앙에 그린다.
3. 얼룩말의 얼룩 무늬는 색종이를 찢어 붙이고, 갈기는 양면테이프를 붙인 후 털실을 짧게 잘라 붙여 표현한다.
4. 얼룩말 주변에 인물이나 나무 등 재미있는 풍경을 생각하여 그려 본다.

상자 동물 만들기

활동목표 빈 상자를 활용하여 동물의 특성을 살려 창의적으로 만들어 볼 수 있다.

준비물 여러 가지 크기의 상자, 색종이, 인형눈, 모루, 빨대, 필름통, 일회용 숟가락, 색볼

활동 방법

1. 여러 가지 크기의 상자를 서로 연결해 보고 무엇과 같은지 생각해 본다.
2. 큰 상자는 주로 몸체를 표현하고 작은 상자는 얼굴이나 다리 등을 표현해 본다.
3. 유아가 만들고자 하는 동물의 특징이 잘 나타나도록 몸은 색종이로 꾸며 주고, 눈은 인형눈, 다리는 필름통, 귀는 일회용 숟가락 등 여러 가지 폐품을 이용하여 꾸며 준다.
4. 폐품의 모양을 잘 살펴보고 표현하고자 하는 것과 비슷한 모양의 폐품을 찾아 꾸며 준다.

꿀꿀꿀 돼지

활동목표 페트병 등의 폐품을 활용하는 태도를 기르고 상상력을 마음껏 발휘하여 표현해 볼 수 있다.

준비물 페트병, 인형눈, 색상지, 모루, 백업, 색습자지, 색시트지

활동방법

1. 크기가 다양한 페트병을 준비한다.
2. 컬러시트지로 여러 가지 무늬를 오려 붙여 돼지의 몸체를 꾸며 준다.
3. 눈은 인형눈을 붙여 표현하고 귀는 색상지로 만들어 붙인다.
4. 꼬리는 모루를 꼬아서 몸체 끝에 붙여 준다.
5. 투명 페트병 속에 색습자지를 잘라 넣으면 몸체의 색을 낼 수 있다.

공작새 만들기

활동목표 점토 활동을 통하여 물체의 양감과 질감을 알고, 형태를 쉽게 바꿈으로써 조형의 기본을 알 수 있도록 하고, 소근육 발달을 돕는다.

준비물 찰흙, 인형눈, 이쑤시개, 성냥개비, 면봉, 조개껍데기

활동방법

1. 공작새를 본 적이 있는지 서로 이야기해 보고 참고 사진을 준비하여 특징을 알아본다.
2. 점토로 하나는 작은 동그라미를 만들어 얼굴을 표현하고, 하나는 큰 동그라미를 만들어 몸체를 표현한다.
3. 얼굴과 몸체를 이쑤시개로 연결하고 점토를 붙여서 고정한다.
4. 눈은 인형눈을 붙여 주고 공작새의 날개는 이쑤시개를 꽂아 주거나 물들인 면봉을 꽂아 표현한다.
5. 유아 나름대로 특징을 살려 창의적으로 표현하도록 지도한다.

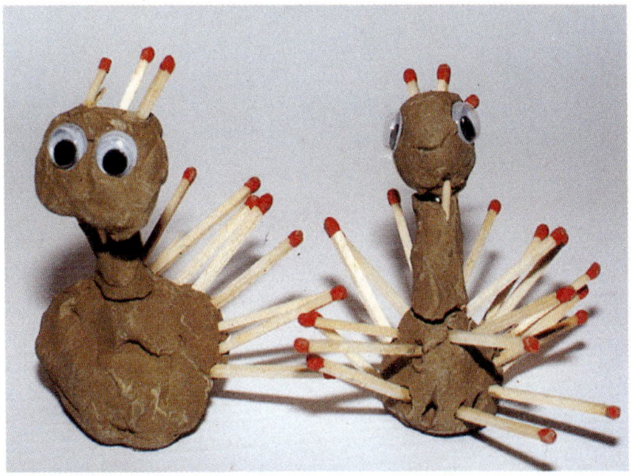

지우개 그림

활동목표 지우개의 쓰임새를 반대로 생각하여 지워가며 그림을 그려 볼 수 있다.

준비물 목탄이나 4B연필, 지우개

활동방법

1. 화지에 목탄이나 4B연필을 눕혀서 화지를 검게 칠한 후 휴지로 문지른다.
2. 무엇을 표현할 것인지 생각하여 연필로 밑그림을 그린다.
3. 연하고 잘 지워지는 지우개를 준비하여 지우면서 그림을 그려 본다. 이때 선은 지우개의 옆면을 이용하고 넓은 부분을 지울 때는 지우개 전체를 이용한다.
4. 지우개로 지워서 그려진 그림의 느낌을 이야기해 본다.

활동 유의점

지우개가 검어지면 손으로 문질러 벗겨낸 다음 사용한다.

손 모양 꽃 만들기

활동목표 친구와 협동하여 손 모양을 그려 보고 그려진 형태를 활용하여 꽃을 만들어 봄으로써 사물의 특징을 탐색할 수 있다.

준비물 크레파스, 색상지, 가위, 빨대, 스테이플러, 투명테이프

활동방법

1. 2인 1조가 되어 색상지 위에 손을 올려놓고 크레파스로 손 모양을 따라 그린다.
2. 그려진 손 모양보다 약간 크게 오린다.
3. 손가락 끝을 연필로 밖으로 말아 둥그렇게 컬을 만든다.
4. 빨대의 한쪽 끝에 가위집을 길게 내고 손 모양 색상지를 빨대에 감싸듯이 끼운 후 스테이플러로 찍어서 고정하거나 테이프를 붙인다.
5. 잎을 오려서 빨대에 테이프로 붙인다.
6. 유아의 작품을 모아서 환경 구성에 활용해 본다.

활동 유의점

스테이플러는 위험하므로 교사가 찍어주도록 한다.

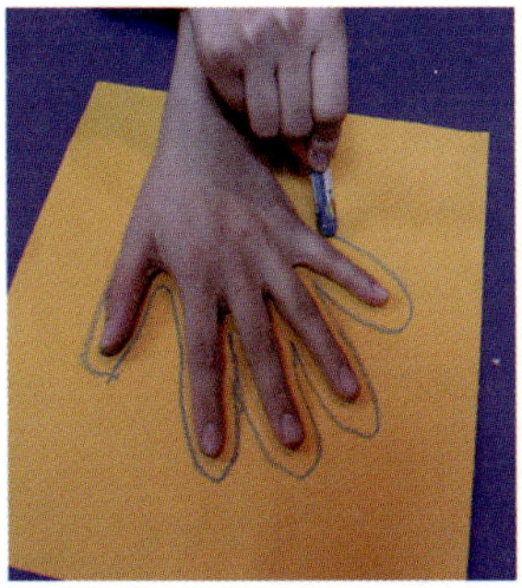

손바닥 찍고 표현하기

활동목표 신체를 이용하여 재미있게 표현할 수 있는 방법을 찾아보고, 흥미로운 표현놀이를 통하여 감각적인 것을 느껴볼 수 있다.

준비물 그림물감, 붓, 크레파스, 화지(5절, 4절)

활동방법

1. 손바닥에 그림물감을 칠하여 화지에 찍어 본다.
2. 찍혀진 손바닥의 모양을 자세히 관찰하고 '어떤 친구의 손이 제일 큰지', '찍힌 모양이 무엇과 비슷한지' 서로 이야기해 본다.
3. 화지에 크레파스로 나무의 몸체를 그려 준다.
4. 손바닥에 물감을 묻혀 나무 몸체에 찍어서 나뭇잎을 표현해 본다.

응용 활동

- 전지를 깔아 놓고 음악에 맞춰 손바닥으로 두드리기, 손가락 찍기, 지문 찍기 등 다양한 활동을 해 볼 수 있다.
- 화지에 손바닥을 찍어 오려 내고 색종이, 모루, 인형눈 등을 붙여서 물고기, 공작새, 나비 등을 만들어 본다.

스크래치 느낌 표현하기

활동목표 붓과 수채화 물감의 사용 방법을 익히며 형태를 제외한 바탕을 채색해 봄으로써 조절력과 집중력을 기를 수 있다.

준비물 수채화 물감, 흰색 포스터 물감, 굵은 붓, 화지(16절 크기), 흰색 크레파스

활동방법

1. 두 가지 색의 그림물감을 종이컵에 짜서 물감물을 만든다.
2. 붓에 물감을 묻힌 후 화지 위에 길게 선을 그린다. 이때 붓을 눌러서 굵은 선이 나오도록 한다.
3. 두 가지 색 중 한 가지 색으로 먼저 간격을 두고 선을 그린 후 다른 색으로 선과 선 사이에 그린다.
4. 물감이 마른 후 흰색 크레파스로 동그라미, 세모, 네모, 집, 하트 등 간단한 모양을 그린다.
5. 흰색 포스터 물감을 진하게 만든 후 그림을 제외한 배경 부분을 채색한다.
6. 완성된 그림의 느낌에 대해 서로 이야기 나누어 본다.

활동 유의점

- 밑색의 수채화 물감이 번질 수 있으므로 포스터 물감은 진하게 만들어 쓴다.
- 검은색 포스터 물감으로 해도 효과가 좋다. 다만, 이 경우 바탕을 밝은색으로 칠한다.

쇼핑백 가면 만들기

활동목표 유아가 생활 주변에서 쉽게 볼 수 있는 재료와 용구를 이용하여 재미있는 소재를 표현해 보고 놀이에 활용해 본다.

준비물 일회용 쇼핑백(종이백), 색종이, 가위, 풀, 색상지, 여러 가지 폐품

활동방법

1. 유아의 머리가 들어갈 수 있는 적당한 크기의 쇼핑백을 준비한다.
2. 쇼핑백을 써 보고 눈이 있는 부분에 교사가 구멍을 뚫어 준다. 쇼핑백이 클 경우에는 어깨 부분을 잘라 주어 몸에 입을 수 있도록 한다.
3. 색종이, 색상지, 신문지 등으로 표현하고자 하는 동물의 특징이 잘 나타나도록 찢거나 오려 붙인다.
4. 완성된 가면을 머리에 쓰고 극놀이에 활용해 본다.

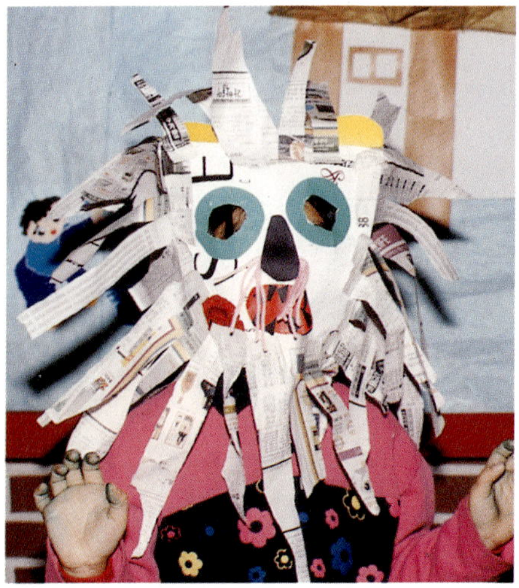

비밀 그림

활동목표 크레파스와 물감의 배수성과 번지기 기법을 이용하여 재미있는 표현 방법을 경험해 볼 수 있다.

준비물 화지, 붓, 그림물감, 흰색 크레파스

활동방법

1. 교사가 먼저 화지에 흰색 크레파스로 간단한 그림을 그려 보이고 그림이 보이는지, 이 그림을 보이게 하려면 어떻게 해야 할지 이야기 나누어 본다.
2. 화지에 흰색 크레파스로 밑그림을 그린 후 붓에 물을 듬뿍 묻혀 화지에 칠한다.
3. 화지 위의 물이 마르기 전에 물감을 붓에 듬뿍 묻혀 뿌려 본다. 이때 다른 친구의 얼굴이나 옷에 뿌리지 않도록 주의한다.
4. 물감이 번지는 모양과 색이 서로 섞이는 모양을 관찰한다.
5. 서서히 나타나는 그림을 감상해 본다.

잡지 스크래치

활동목표 잡지 그림에 크레파스를 칠하고 스크래치 기법을 이용하여 재미있는 표현 방법을 찾아본다.

준비물 잡지, 크레파스, 가위, 이쑤시개

활동방법

1. 잡지에서 여러 가지 밝은색이 있는 그림을 찾아본다.
2. 잡지 그림 위에 진한 색 계열(검정, 군청)의 크레파스로 꼼꼼하게 칠한다.
3. 이쑤시개로 긁어내면서 그림을 그려 본다.

활동 유의점

긁어낸 크레파스 가루는 잘 모아서 버린다.

잡지 콜라주

활동목표 유아가 다루기 쉬운 색종이, 잡지, 신문지 등을 찢어 자유롭게 구성하여 표현해 볼 수 있다.

준비물 잡지, 크레파스, 풀

활동방법

1. 색종이, 신문지, 잡지 등에서 재미있는 장면을 오려 내거나 여러 가지 색의 종이를 찢거나 오린다.
2. 찢거나 오려 낸 종이를 화지에 재미있게 구성하여 붙인다.
3. 붙여진 모양을 연상하여 사인펜, 크레파스로 그려 준다.

반쪽 얼굴 그리기

활동목표 반쪽 얼굴 사진을 잘 관찰하여 대칭적으로 그려 봄으로써 관찰력과 집중력을 기를 수 있다.

준비물 잡지에서 오린 얼굴 사진(큰 것), 사인펜, 색연필, 크레파스

활동방법

1. 잡지에서 재미있는 표정의 큰 얼굴을 오려서 반으로 잘라 화지에 붙인다.
2. 반쪽 얼굴 사진을 잘 살펴보고 나머지 반쪽의 얼굴을 사인펜으로 그려 본다.
3. 색도 잘 관찰하여 비슷한 색들을 찾아 색연필이나 크레파스로 채색해 본다.

활동 유의점

모자나 안경 쓴 사람, 노인, 재미있는 표정이 있는 사진 등을 선택하고 사진이 부족할 경우 컬러 복사하여 쓴다.

롤러 그림(공동 작품)

활동목표 롤러의 사용법과 특징을 알아보고 롤러에 실을 감아 굴려 봄으로써 다양한 표현을 탐색해 볼 수 있다.

준비물 전지 크기의 흰색 화지, 롤러, 면실, 물감, 스펀지

활동방법

1. 전지 크기의 화지를 사방 5cm 정도 접어 올린다.
2. 롤러 부분을 손잡이에서 분리한 후 면실을 감아 놓는다.
3. 스펀지에 물감물을 묻혀서 스탬프 패드를 만든다.
4. 롤러에 물감을 묻히는 방법과 굴렸을 때 어떤 표현이 나오는지 보여 주고 느낌에 대해 서로 이야기 나누어 본다.
5. 스탬프 패드에 물감을 묻힌 후 화지 위에 마음껏 굴려 본다.
6. 색을 바꿀 때는 휴지로 닦아낸 후 다른 색을 묻히도록 한다.

활동 유의점

한 곳에만 집중으로 굴리지 말고 길게 굴리기, 곡선으로 굴리기 등 전체 화면을 충분히 활용하도록 하고 유아들끼리 부딪히지 않도록 한 모둠의 인원을 적게 조정한다.

5월 미술 활동

친구 얼굴 만들기
사라진 부분을 찾아라
퍼즐 그림
눌러 그리기(우드락)
우드락 조각 찍기 + 연상 그림
엄마, 아빠 사랑해요
카네이션 만들기
케이크 만들기
파스텔로 그리기
동물 모양 모자
토끼 연필꽂이
벌 모빌
흙물감 그림
나뭇잎 구성놀이
나뭇잎 찍기 + 연상 그림
사인펜 탈색 그림
꽃바구니 구성(공동 작품)

친구 얼굴 만들기

활동목표 친구의 얼굴 특징을 살려 여러 가지 폐품을 이용하여 만들어 볼 수 있다.

준비물 다양한 폐품, 털실, 인형눈, 색종이

활동방법

1. 친구의 얼굴 모양과 가장 비슷한 폐품을 골라 본다(접시, 바구니, 뚜껑 등).
2. 눈은 인형눈을 붙이거나 색종이를 오려 만들어 붙인다.
3. 머리는 털실, 비닐끈을 붙이거나 색종이를 찢어서 표현해 본다.
4. 백업, 일회용 숟가락, 병뚜껑 등 여러 가지 폐품으로 친구의 얼굴 특징을 살려 꾸며 본다.

사라진 부분을 찾아라

활동목표 잡지의 그림에서 없어진 부분을 연상하여 그려 봄으로써 관찰력을 높이고 다양한 사물의 형태 인식력을 높일 수 있다.

준비물 동물, 식물, 사물 등 간단한 사물 사진, 크레파스

활동방법

1. 간단한 동물, 식물, 사물 사진을 여러 장 준비한다.
2. 사물 사진의 일부를 가리고 어떤 사물인지 알아맞히는 놀이를 해 본다.
3. 화지에 일부분을 잘라낸 사진을 붙인다.
4. 사진 속 주제를 잘 관찰하여 어떤 동물인지 이야기해 본다.
5. 없는 부분을 생각하여 크레파스로 연결하여 그린다.

활동 유의점

- 사진은 가급적 유아와 친숙한 주제를 선택하되 어렵지 않은 단순한 그림을 선택한다.
- 유아가 조금 다른 그림을 상상하여 그리더라도 독창성을 격려해 주도록 한다.

퍼즐 그림

활동목표 우드락에 그림을 그리고 원하는 모양으로 조각내어 퍼즐로 만들어 놀이에 활용할 수 있다.

준비물 우드락, 유성 매직, 크레파스

활동방법

1. 우드락에 검은색 유성 매직으로 밑그림을 그려 본다.
2. 유성 매직이나 크레파스로 채색한다.
3. 뒤집어서 원하는 모양으로 자를 수 있도록 선을 긋고 번호를 적는다.
4. 교사는 유아가 그려 놓은 선 모양으로 잘라 퍼즐 그림을 만든다.
5. 그림 조각을 다시 맞추어 보며 퍼즐 맞추기 놀이에 활용해 본다.

눌러 그리기(우드락)

활동목표 볼록 판화의 원리를 이용하여 우드락에 그림을 그리고 물감을 칠해서 숨겨진 이미지를 나타내 볼 수 있다.

준비물 우드락, 볼펜, 아크릴 물감, 롤러

활동방법

1. 우드락을 네모, 세모, 동그라미 등의 모양으로 잘라 나누어 준다.
2. 볼펜으로 힘껏 눌러 그림을 그린다.
3. 롤러에 아크릴 물감을 고루 묻혀서 우드락 위에 칠하면 볼펜으로 눌러 그려진 부분에는 물감이 묻지 않아 그림이 하얗게 나타난다.

활동 유의점

롤러에 물감이 많으면 그림이 잘 나타나지 않으므로 신문지 위에 룰러를 굴려서 물감을 적당히 조절한 후 우드락 위에 칠하도록 한다.

우드락 조각 찍기 + 연상 그림

활동목표 우드락 조각의 찍혀진 모양에서 연상되는 창의적 이미지를 그릴 수 있다.

준비물 우드락 조각, 그림물감, 크레파스, 화지

활동방법

1. 스티로폼 접시나 우드락 조각을 마음대로 손으로 뜯어서 자른다.
2. 우드락 조각에 볼펜으로 무늬를 그려 넣거나 점을 찍어서 꾸며 준다.
3. 우드락 조각에 그림물감을 칠해서 화지 위에 찍는다.
4. 찍혀진 모양을 잘 살펴보고 무엇과 같은지 생각해 본다.
5. 크레파스로 연상되는 장면을 재미있게 그려 본다.

엄마, 아빠 사랑해요

활동목표 가족의 소중함을 느끼며 부모님의 특징을 살려 유아의 느낌과 생각을 표현해 볼 수 있다.

준비물 크레파스, 화지

활동방법

1. 부모님은 어떤 일을 하시는지, 좋아하시는 것은 무엇인지, 부모님 이름 써 보기 등 부모님에 대한 생각 모으기를 통해 유아들의 느낌과 생각을 표현해 보게 한다.
2. 엄마, 아빠의 얼굴을 생각해 보고 머리, 안경, 옷차림 등의 특징이 잘 나타나도록 밑그림을 그려 본다.
3. 단순히 얼굴만 그리기보다는 재미있는 장면을 생각하여 그려 보도록 한다.
4. 완성된 그림을 이용하여 부모님을 친구들에게 소개해 본다.

활동 유의점

그림으로 그릴 수도 있지만, 표현에 자신이 없는 유아는 점토로 만들기, 밀가루 풀과 털실, 단추 등을 활용하여 콜라주로 표현해 보는 등 다양한 방법으로 응용할 수 있다.

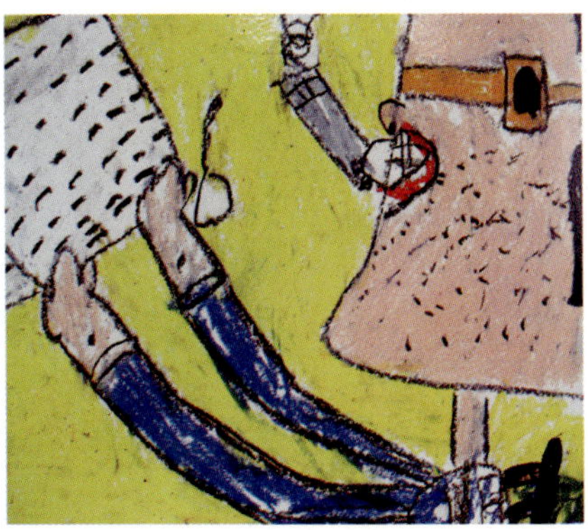

카네이션 만들기

활동목표 포일 빵종이를 이용하여 카네이션의 특징을 표현해 보고 완성된 꽃으로 부모님과 선생님께 감사의 마음을 전할 수 있다.

준비물 포일 빵종이, 레이스 종이, 모루, 색종이, 리본끈, 매직

활동방법

1. 포일 빵종이를 반으로 접은 후 2/3 정도를 빨간색 매직으로 색칠한다.
2. 초록색 모루를 넣고 3등분하여 접는다.
3. 그라데이션 무늬가 있는 색종이를 삼각형 모양으로 반을 접은 후 다시 3등분하여 서로 겹쳐 접는다.
4. 줄기는 초록색 색종이로 막대접기하여 완성된 꽃을 붙인다.
5. 레이스 종이를 꽃다발 모양으로 접은 후 안쪽에 완성된 꽃을 붙인다.
6. 리본끈으로 큰 리본을 만들어 붙여 장식한다.

활동 유의점

포일 빵종이와 레이스 종이는 모두 대형 마트에서 구입이 가능하다.

케이크 만들기

활동목표 케이크의 형태와 장식 등의 특징을 관찰하고 다양한 재료의 모양과 질감을 활용하여 케이크를 만들어 놀이에 활용할 수 있다.

준비물 요구르트 용기, 동그란 스티로폼, 골판지, 빵끈, 모루, 색볼, 솜

활동방법

1. 케이크를 먹어본 적이 있는지 이야기 나누어 보고 다양한 케이크 사진을 준비하여 모양과 장식의 특징을 찾아본다.
2. 어떤 케이크를 만들 것인지 생각해 보고 비슷한 모양의 재료들을 찾아본다.
3. 요구르트 용기는 흰색 아크릴 물감으로 채색하여 말린다.
4. 케이크의 몸체는 요구르트 용기를 겹쳐 쌓아 만들거나 둥근 스티로폼을 이용한다.
5. 케이크의 과일 장식은 색볼, 초는 수수깡, 생크림은 솜 등으로 표현해 보고 골판지, 모루, 빵끈 등 다양한 재료로 자유롭게 표현해 보도록 한다.
6. 누구의 케이크가 맛있어 보이는지 감상해 보고 놀이에 활용해 본다.

활동 유의점

케이크를 만드는 것은 정답이 없으므로 유아 나름대로 독창적으로 표현해 보도록 격려한다.

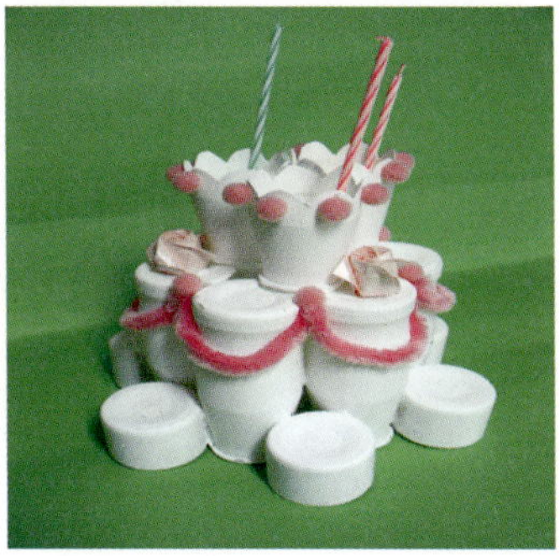

파스텔로 그리기

활동목표 파스텔의 특성과 표현 방법을 탐색해 보고 젖소의 특징을 살려 그려 볼 수 있다.

준비물 먹물, 색상지, 파스텔, 정착액, 나무젓가락

활동방법

1. 젖소를 본 적이 있는지 참고 사진이나 자료를 준비하여 특징을 서로 이야기해 본다.
2. 나무젓가락에 먹물을 묻혀 색상지 위에 젖소의 형태를 그린다.
3. 채색은 파스텔로 칠하고 손이나 휴지로 문지른다. 이때 진하게 칠하고 싶은 부분은 문지르지 않는다.
4. 파스텔 가루가 떨어지지 않도록 중간중간에 정착액을 뿌려 준다.
5. 다 그린 후 정착액을 다시 한 번 뿌려서 완성한다.

활동 유의점

나무젓가락에 먹물을 찍어서 그리기 어려운 유아는 붓펜을 사용하여 그려 보게 한다.

동물 모양 모자

활동목표 단순한 폐품 재료를 활용하여 모자를 만들어 보고 유아가 만든 것을 직접 착용해 보는 즐거움을 체험할 수 있다.

준비물 사발면 용기, 색종이, 색상지, 인형눈, 꽃술, 아크릴 물감, 두꺼운 화지

활동방법

1. 사발면 용기를 깨끗이 씻어서 말린 다음 전체를 아크릴 물감으로 채색한다.
2. 사발면 용기에 두꺼운 화지로 챙을 만들어 끼워 붙인다.
3. 어떤 동물을 만들 것인지 생각해 보고 색상지, 색종이, 꽃술, 인형눈 등으로 재미있게 꾸며 본다.
4. 머리에 써 보고 누구의 모자가 재미있게 표현되었는지 이야기해 본다.

토끼 연필꽂이

활동목표 작업 활동을 통하여 구성 능력과 균형 감각을 키우고 재료 사용 능력을 길러 줄 수 있다.

준비물 우유갑, 색종이, 인형눈, 색볼

활동방법

1. 우유갑을 깨끗이 씻어서 말려 둔다.
2. 우유갑 입구 부분을 펼쳐 한 면은 토끼 귀 모양으로 자르고, 나머지 세 면은 잘라낸다.
3. 우유갑 겉이나 속에 인형눈, 색볼, 색종이로 토끼의 얼굴을 꾸며 준다.
4. 잘라낸 우유갑 조각이나 색종이로 토끼의 다리를 만들어 몸체에 붙여 준다.
5. 연필꽂이로 활용해 본다.

벌 모빌

활동목표 다양한 활동을 통하여 표현의 폭을 넓히고 흥미를 북돋우며 창의력을 길러 준다.

준비물 요구르트병, 아크릴 물감, 색볼, 모루, 검은색 시트지, 인형눈, 낚싯줄, 색종이, 부직포

활동방법

1. 요구르트병 전체를 아크릴 물감으로 채색하여 말려서 준비한다.
2. 검은색 시트지나 색종이를 1cm 두께로 잘라 요구르트병에 붙여서 벌의 몸체를 표현한다.
3. 얼굴은 색볼을 붙여 주고 인형눈, 색종이로 꾸며 본다.
4. 날개는 색종이나 부직포 등으로 오려 붙이고 여러 가지 재료로 재미있게 꾸며 준다.
5. 낚싯줄을 매달아 모빌로 활용한다.

흙물감 그림

활동목표 찰흙의 다양한 표현 가능성을 탐색해 보고 찰흙 놀이를 통해 유아의 촉감을 자극하고 정서 발달에 도움을 줄 수 있다.

준비물 찰흙, 물감, 화지

활동방법

1. 찰흙을 그릇에 담고 물을 넣은 후 반나절에서 하루 정도 그대로 둔다.
2. 풀어진 찰흙을 손으로 잘 주물러 흙물감을 만든다.
3. 흙물감을 손으로 만져 본 후 느낌이 어떤지 서로 이야기해 보고 손가락에 묻혀서 그림을 그려 본다.
4. 남은 흙물감은 여러 그릇에 나누어 담은 후 원하는 색의 물감을 넣어 색을 만든다.
5. 색색의 흙물감으로 자유롭게 그림을 그려 본다.

활동 유의점

- 흙물감은 너무 되거나 묽으면 효과가 떨어지므로 되직하게 만든다.
- 거부감이 있는 유아는 너무 강요하지 말고 손가락 끝에 묻혀서 지문 찍기를 하듯 감촉을 서서히 느껴 보도록 한다.

나뭇잎 구성놀이

활동목표 자연의 아름다움과 고마움을 알도록 하며 나뭇잎의 모양을 이용하여 독특하고 재미있게 구성해 볼 수 있다.

준비물 여러 가지 크기와 모양의 나뭇잎, 접착제

활동방법

1. 야외에서 개인별 또는 모둠별(2~3명)로 함께 활동할 수 있다.
2. 여러 가지 크기와 모양의 나뭇잎을 모아 서로 연결하여 구성해 본다.
3. 나뭇잎 모양을 보고 연상되는 것을 꾸며 보거나 표현하고자 하는 대상을 나뭇잎을 오려서 표현해 본다.

활동 유의점

가급적 나뭇잎의 모양 그대로를 살려서 꾸며 보도록 한다.

나뭇잎 찍기 + 연상 그림

활동목표 나뭇잎에 물감을 묻혀 찍어 보고 재미있는 흔적을 얻음으로써 표현의 즐거움과 자신감을 느끼게 한다.

준비물 여러 가지 모양의 나뭇잎, 그림물감, 화지, 사인펜, 인형눈

활동방법

1. 여러 가지 모양의 나뭇잎을 준비한다.
2. 나뭇잎의 잎맥 부분에 그림물감을 묻혀 화지 위에 찍어 낸다.
3. 찍힌 모양을 잘 살펴보고 연상되는 것을 크레파스, 사인펜 등으로 그려 본다.

응용 활동

남은 나뭇잎은 잘 말린 후 코팅하여 실물 자료로 활용해 본다.

사인펜 탈색 그림

활동목표 사인펜의 번지는 특성과 탈색되는 특성을 경험해 보고 색의 아름다움을 느껴 볼 수 있다.

준비물 사인펜, 물, 붓, 면봉, 락스

활동방법

1. 원하는 색의 사인펜을 몇 개 고른 후 색칠하듯이 길게 채색한다. 이때 너무 꼼꼼히 채색하지 않아도 된다.
2. 붓에 물을 묻혀서 칠하면 사인펜이 자연스럽게 번지게 된다.
3. 색이 바뀌면 붓을 휴지로 닦아낸 후 깨끗한 물을 다시 묻혀서 반복한다.
4. 물이 완전히 마르면 면봉에 락스를 묻혀서 그림을 그린다.
5. 색이 탈색되면서 흰색으로 나타나는 그림을 감상해 본다.

활동 유의점

- 락스는 매우 위험하므로 유아에게 만지지 않도록 주의시키며 아주 소량만 제공한다.
- 환기가 잘되는 곳에서 활동하여야 한다.
- 못 쓰는 사인펜 심지를 반으로 자른 후 물을 묻혀 색을 내도 좋다.

꽃바구니 구성(공동 작품)

활동목표 어버이날, 스승의 날을 맞아 유아들과 함께 꾸미는 환경 구성을 제안해 보고 종이접기를 이용하여 커다란 꽃바구니를 만들어 봄으로써 감사의 마음을 전할 수 있도록 한다.

준비물 골판지, 색종이, 모루, 백업, 장식리본, 빨대, 빵끈, 꽃술

활동방법

1. 골판지로 커다란 바구니 모양을 오린 후 환경판에 붙여 놓는다.
2. 손잡이는 백업을 길게 연결하여 붙이고 장식리본을 붙여 꾸민다.
3. 색종이를 삼각형 모양으로 반을 접은 후 양쪽 끝을 올려 접어서 튤립 모양을 만든다.
4. 꽃술을 안쪽에 붙여서 장식한다.
5. 색종이를 길게 막대 모양으로 자른 후 5개를 서로 별처럼 겹쳐 붙여 꽃을 표현한다.
6. 줄기는 모루, 빵끈, 빨대 등 다양한 재료로 표현한다.
7. 완성된 꽃을 바구니 안에 구성한다.

활동 유의점

꽃은 카네이션이 아니더라도 쉬운 종이접기를 활용하여 다양한 꽃을 만들어 꾸며 보도록 한다.

6월 미술 활동

알코올 그림
동화 듣고 그리기
채소 찍기 놀이
동물 편지꽂이
빵으로 만들어 보아요
과일, 채소 조형놀이
비눗방울 그림
타일 그림
휴지심을 이용한 표현
구급차 만들기
점토 부조 그림
종이 점토 꽃병
과일 관찰 그림
맛있는 과일
입술 · 지문 찍기 놀이
과자 포장지 콜라주
물엿 그림(공동 작품)

알코올 그림

활동목표 휘발성이 있는 알코올을 이용하여 재미있는 표현 가능성을 탐색할 수 있다.

준비물 화지, 수채화 물감, 면봉, 알코올

활동방법

1. 파란색 수채화 물감을 종이컵에 짜고 물을 넣어 물감물을 만들어 둔다.
2. 굵은 붓에 물감을 묻혀서 화지 위에 마음껏 채색한다.
3. 물감이 마르기 전에 면봉에 알코올을 묻혀서 찍거나 그림을 그린다.
4. 알코올이 휘발되면서 나타나는 무늬를 감상해 보고 느낌을 서로 이야기해 본다.

활동 유의점

- 알코올은 약국에서 구입이 가능하다. 휘발되는 특성이 있으므로 종이컵에 조금씩 따라서 쓰도록 한다.
- 물감이 마르면 휘발되지 않으므로 물감이 마르기 전에 알코올을 사용하거나 분무기로 물을 살짝 뿌려서 습기를 준 후 활동한다.

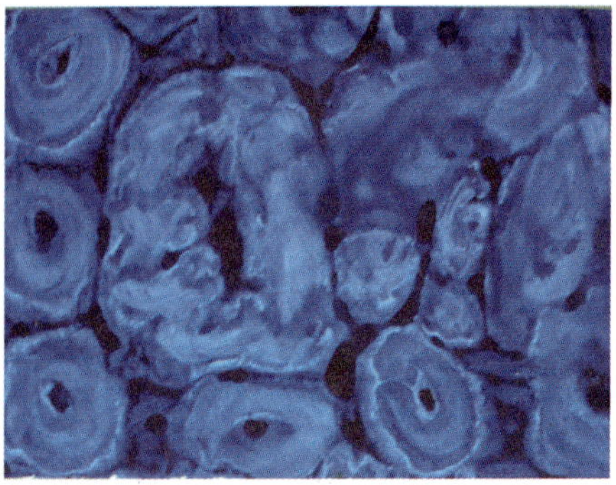

동화 듣고 그리기

활동목표 유아들이 상상한 세계를 마음껏 표출할 수 있도록 상상한 내용에서 자기 생각이 잘 나타나도록 한다.

준비물 크레파스, 사인펜, 화지

활동방법

1. 교사가 들려준 이야기를 듣고 가장 인상적이고 감동적인 장면을 서로 이야기해 본다.
2. 이야기는 유아의 상상을 자극할 만한 풍부한 내용으로 선정하고 이야기를 들은 후에 다시 한 번 줄거리를 말해 보도록 한다.
3. 가장 재미있었던 장면을 그려 보고 그림의 형태나 색채가 자유롭게 표현되도록 한다.

채소 찍기 놀이

활동목표 판화의 기초를 이해하고 채소를 이용하여 경험해 볼 수 있다.

준비물 피망, 고추, 양파, 버섯, 연근, 그림물감

활동방법

1. 피망, 고추, 연근, 양파 등을 반으로 자르고 양파는 속을 몇 겹 빼내거나, 채소를 가로나 세로로 자르는 등 방법에 따라 여러 가지 모양으로 준비한다.
2. 당근, 감자 등은 이쑤시개로 무늬를 그려 넣을 수 있다.
3. 화지에 여러 가지 채소를 찍어 보고 어떤 모양이 찍혔는지 살펴본다.
4. 찍힌 모양을 보고 표현하고자 하는 모양과 비슷한 채소를 찾아 찍어서 다양한 사물을 표현해 볼 수 있다.

활동 유의점

키친타월 등으로 채소의 단면을 닦아서 물기를 없애야 선명하게 찍히며, 그림물감으로 스탬프 잉크를 만들면 쉽게 찍을 수 있다.

동물 편지꽂이

활동목표 여러 가지 동물의 이름과 특징을 탐색하여 형태감을 익히고 부직포 재료를 이용하여 생활 속에서 활용할 수 있는 물건을 디자인해 볼 수 있다.

준비물 부직포, 본드, 가위

활동방법

1. 여러 가지 동물 사진을 준비하여 이름 알아맞히기 게임을 해 본다.
2. 각자 좋아하는 동물을 소개해 보고 특징을 알아본다.
3. 원하는 동물을 선택한 후 동물의 모습을 단순화하여 그림으로 먼저 그려 본다.
4. 동물의 얼굴을 동그랗게 오린 후 귀, 눈, 코는 따로 덧붙인다.
5. 입은 크게 그려서 오린 후 가장자리만 붙여서 편지를 넣을 수 있도록 한다.

빵으로 만들어 보아요

활동목표 유아들이 좋아하는 여러 종류의 빵을 이용하여 재미있는 모양을 구성해 봄으로써 독창성을 기를 수 있다.

준비물 여러 가지 모양의 빵, 초콜릿, 과자, 인형눈, 건포도

활동방법

1. 여러 가지 모양의 빵과 초콜릿, 과자를 준비한다.
2. 빵의 모양을 살펴보고 무엇을 만들 것인지 구상해 본다.
3. 큰 빵은 몸체나 얼굴을 표현하고 긴 막대과자와 초코볼, 인형눈 등으로 꾸며 준다.
4. 과자를 빵에 꽂아서 꾸미거나 물엿으로 붙여 준다.

활동 유의점

유아들의 작품은 사진을 찍어서 남기고 남은 빵은 간식으로 먹는다.

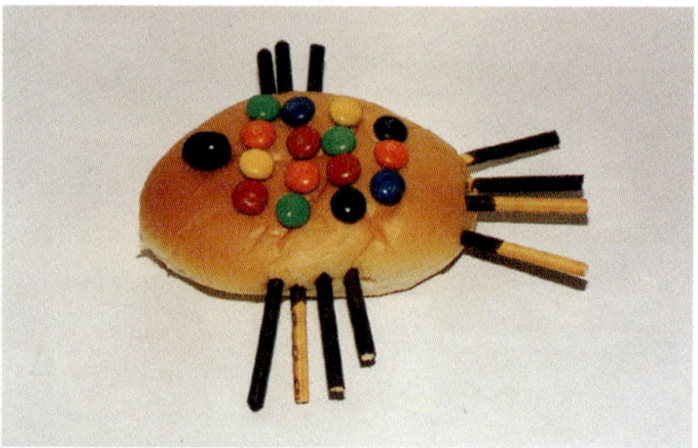

과일, 채소 조형놀이

활동목표 과일과 채소의 모양과 색을 이용하여 여러 가지 사물을 독창적으로 만들어 볼 수 있다.

준비물 토마토, 딸기, 사과 등 여러 가지 과일과 채소, 이쑤시개, 색볼, 인형눈, 실핀

활동방법

1. 유아들이 좋아하는 과일과 채소를 이용하여 재미있는 조형놀이에 활용해 본다.
2. 여러 가지 과일, 채소를 살펴보고 크기, 모양, 색깔에 따라 무엇을 표현할지 생각해 본다.
3. 인형눈으로 눈을 표현하고 이쑤시개, 색볼, 모루 등을 양면테이프로 붙이거나 실핀으로 꽂아서 꾸며 준다.
4. 재미있게 표현된 것을 찾아 서로 이야기해 준다.

비눗방울 그림

활동목표 우리 생활에서 많이 사용하는 비누의 성질을 알아보고 도식화된 표현 방법에서 탈피하여 다양한 방법을 찾아 즐거운 미술 활동이 되도록 한다.

준비물 주방 세제, 투명 종이컵, 빨대, 그림물감, 화지

활동방법

1. 종이컵에 물을 약간 넣고 주방 세제를 1~2방울 떨어뜨린 다음 그림물감을 조금 넣고 젓는다.
2. 같은 방법으로 다른 컵에 3~4가지 색을 만들어 놓는다.
3. 빨대를 이용하여 불면 비누 거품이 생긴다.
4. 컵 위로 올라온 색 비눗방울 위에 화지로 덮어서 찍어 낸다.
5. 찍혀진 모양을 연상하여 그려 보거나 거품을 떠서 원하는 부분만 찍어 보는 등 다양한 방법으로 표현할 수 있다.

활동 유의점

어린 유아는 삼킬 우려가 있으므로 교사의 주의가 필요하다.

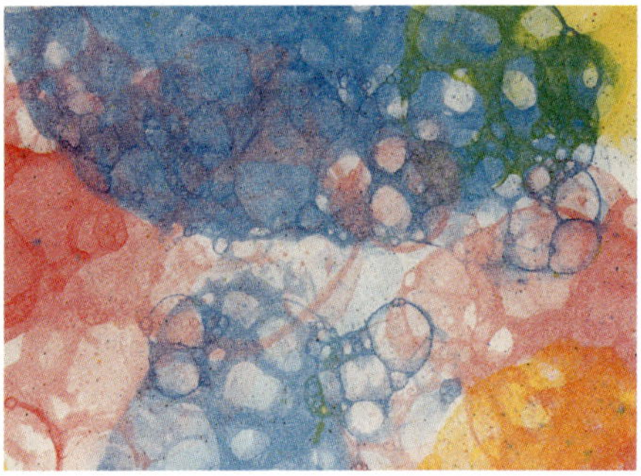

타일 그림

활동목표 새로운 재료를 탐색해 보고 유아 나름대로 생각한 것을 재미있게 표현해 볼 수 있다.

준비물 타일, 아크릴 물감, 유성펜

활동방법

1. 타일 위에 검은색 유성펜으로 밑그림을 대담하게 그려 본다.
2. 아크릴 물감에 물을 조금만 섞어서 채색한다.
3. 유아들의 작품을 몇 개씩 모아서 구성하면 벽화를 만들 수 있다.

휴지심을 이용한 표현

활동목표 생활 주변에서 흔히 볼 수 있는 폐품을 활용하여 여러 가지 사물을 표현해 볼 수 있다.

준비물 휴지심, 색상지, 색종이, 인형눈, 모루, 색볼, 골판지

활동방법

1. 휴지심의 모양을 잘 살펴보고 무엇을 표현할 것인지 생각해 본다.
2. 휴지심을 색상지, 색종이로 싸거나 마블링 물감으로 채색하여 몸체를 표현한다.
3. 골판지로 나비의 날개와 제비의 얼굴, 꼬리 모양을 오려 붙인다.
4. 색상지, 인형눈, 색볼, 모루 등으로 얼굴과 몸체를 꾸며 준다.

구급차 만들기

활동목표 구급차의 역할에 대해 알아보고 구급차의 특징을 살려 우유갑으로 표현해 볼 수 있다.

준비물 우유갑, 색상지, 병뚜껑, 색볼

활동방법

1. 구급차는 어떤 역할을 하는 것인지 서로의 생각을 이야기해 본다.
2. 구급차의 모양과 색깔, 특징 등을 찾아본다.
3. 우유갑의 입구와 네 면을 흰색 종이로 싸서 붙인다.
4. 우유갑의 밑면을 칼로 잘라서 문을 만든다.
5. 색상지를 네모 모양으로 오려서 창문을 만들고 경보등은 빨간 병뚜껑을 붙인다.
6. 자동차 바퀴는 병뚜껑의 절반을 차의 몸체에 붙여 표현한다.
7. 완성된 구급차는 극놀이에 활용해 본다.

활동 유의점

글루건은 안전장갑을 끼고 사용하도록 하고 교사가 필요한 부분에 도움을 주도록 한다.

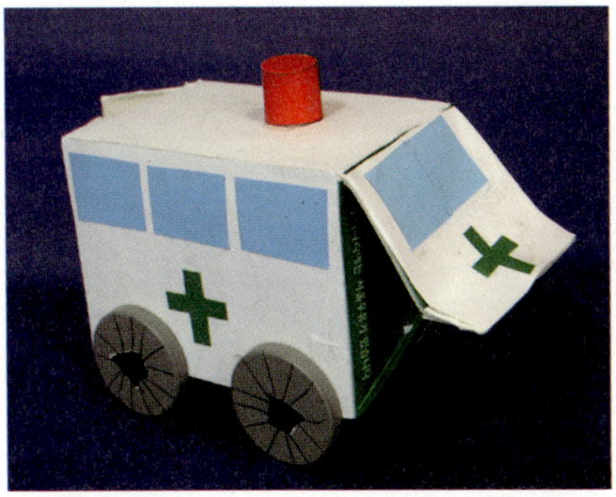

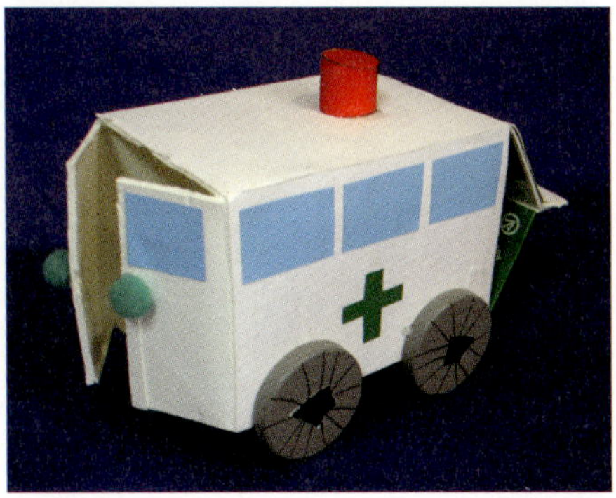

점토 부조 그림

활동목표 점토를 이용하여 나타내고자 하는 주제를 입체적으로 표현할 수 있다.

준비물 점토, 점토판

활동방법

1. 점토판에 점토를 얇게 편다.
2. 무엇을 그릴지 생각해 보고 이쑤시개로 그려 본다.
3. 남은 점토를 이용하여 그린 대로 덧붙여 입체적으로 나타내 본다.
4. 동물의 털이나 사람의 머리카락은 이쑤시개로 덧그려 준다.
5. 바탕은 펜뚜껑 등으로 무늬를 찍어서 꾸며 줄 수 있다.

종이 점토 꽃병

활동목표 요구르트병에 지점토를 붙이고 곡식을 이용하여 꾸며서 꽃병을 표현할 수 있다.

준비물 요구르트병, 지점토, 콩, 빨대, 이쑤시개

활동방법

1. 지점토를 손으로 주물러 부드럽게 만든 후 손으로 눌러서 납작하게 만든다.
2. 납작하게 편 지점토를 요구르트병에 돌려가며 싼 다음 손으로 감싸 누른다.
3. 이쑤시개와 빨대를 이용하여 무늬를 찍어 주고 콩이나 팥으로 장식한다.
4. 그늘에서 완전히 건조하고 나중에 콩이 떨어지면 본드로 붙인다.

활동 유의점

콩을 붙일 때 미리 본드를 칠해서 붙이면 건조 후에도 떨어지지 않는다.

과일 관찰 그림

활동목표 과일의 겉모양과 속모양이 어떻게 다른지 관찰하고 모양과 색의 특징을 살려 표현해 볼 수 있다.

준비물 여러 가지 과일, 화지, 크레파스

활동방법

1. 여러 가지 과일을 준비하여 과일의 모양과 색, 냄새, 맛 등을 알아본다.
2. 과일을 반으로 잘라 과일 속은 모양, 색이 겉과 어떻게 다른지 살펴본다.
3. 화지 두 장을 겹쳐 놓고 과일의 형태를 크게 그려서 오려 낸다.
4. 첫 장의 반을 접어 풀로 붙이고 관찰한 과일의 겉과 속의 모양, 색 등을 크레파스로 표현해 본다.

맛있는 과일

활동목표 점토 활동을 통하여 물체의 양감과 질감을 알고 형태를 쉽게 바꿈으로써 조형의 기본을 알 수 있도록 하며 소근육 발달을 돕는다.

준비물 색점토, 인형눈

활동방법

1. 여러 가지 과일의 모양과 색 등을 알아보고 어떤 과일을 만들지 생각해 본다.
2. 색점토를 이용하여 만들고자 하는 과일의 모양과 색 등의 특징이 잘 나타나도록 만들어 본다.
3. 다 만든 후에 누구의 과일이 가장 맛있게 보이는지 이야기해 보고 접시에 담아 과일 가게놀이에 활용해 본다. 또는 자석을 붙여서 장식품으로 이용할 수 있다.

입술 · 지문 찍기 놀이

활동목표 우리의 신체도 훌륭한 미술 도구가 될 수 있음을 알고 입술과 지문을 찍어 형태를 탐색한 후 연상되는 다양한 사물을 표현해 볼 수 있다.

준비물 화지, 립스틱, 스탬프, 사인펜

활동방법

1. 입술에 립스틱을 바른 후 여러 가지 모양으로 화지 위에 찍어 본다.
2. 입술의 형태를 관찰한 후 비슷한 사물을 생각해 본다.
3. 크레파스로 나머지 부분을 덧그려 넣는다.
4. 손가락에 스탬프 잉크를 묻힌 후 찍어 보고 연상되는 사물을 그린다.
5. 재미있게 표현된 그림을 찾아 서로 이야기해 본다.

활동 유의점

- 마음대로 찍어 보는 충분한 탐색 후에 연상되는 것을 이야기해 보도록 하고 유아의 자유로운 생각을 격려해 주도록 한다.
- 지문은 한 개가 아니라 여러 개를 연결해서 찍어도 된다.

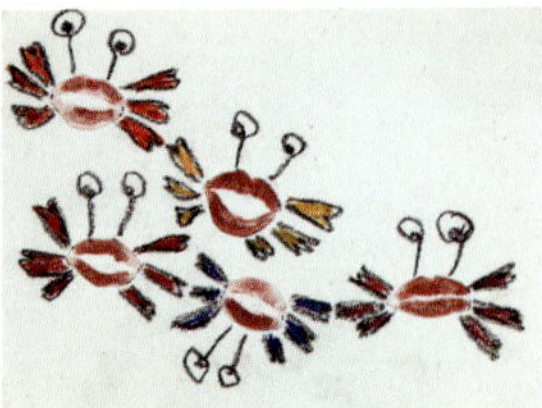

과자 포장지 콜라주

활동목표 여러 종류의 과자 포장지에 있는 과자 그림을 오려 붙여 재미있는 모양을 구성해 보고 그 모양에서 연상되는 것을 그려 볼 수 있다.

준비물 여러 가지 종류의 과자 포장지, 가위, 풀, 크레파스

활동방법

1. 과자 포장지에서 과자 모양을 잘라 낸다.
2. 크기와 모양이 다른 과자 그림을 늘어놓고 여러 가지 사물의 모양을 유아 나름대로 만들어 본다.
3. 원하는 모양대로 화지에 구성하여 풀로 붙이고 그 모양에서 연상되는 것을 크레파스로 그려 본다.
4. 재미있게 표현된 것을 찾아 이야기해 본다.

물엿 그림(공동 작품)

활동목표 물엿과 물감이 만나 신비롭게 변화하는 과정을 탐색해 보고 서로의 표현에서 아름다운 색감을 감상해 볼 수 있다.

준비물 전지 크기의 화지, 물엿, 롤러, 물감물, 물약병

활동방법

1. 전지 크기의 화지 가장자리를 5cm 정도 접어 올려서 종이 밖으로 물감이 나가지 않도록 한다.
2. 물엿을 종이 위에 짜 주고 유아에게 롤러로 얇게 펴게 한다.
3. 색색의 물감물을 만든 후 물약병에 조금씩 담아 둔다.
4. 원하는 색을 선택한 후 종이 가장자리에 둘러앉아 한 방울씩 떨어뜨린다.
5. 물감이 꽃처럼 퍼지는 모양을 관찰하고 서로의 느낌을 이야기해 본다.

활동 유의점

- 물엿에 물감이 너무 많으면 나중에 전체적으로 다 퍼져서 버려야 한다. 따라서 활동 중간중간 예쁘게 꽃 모양으로 번질 때 사진을 찍어 두도록 한다.
- 완성작이 잘 나왔을 때는 물엿을 완전히 말린 후 원하는 크기로 자르고 투명 시트지를 붙여서 보관하도록 한다.

7월 미술 활동

여름이 왔어요
오징어 가족
커다란 꽃게가 나타났어요
입체 그림(곤충 표현)
모노타이프
골판지 찍기
골판지 프로타주
아연판 그림
꼬마 분수
페트병 액자
페트병 시계, 팔찌
나무 위에 그리기
스티로폼을 이용한 만들기
나무 그리기
너무 더운 코끼리
손바닥 해바라기(공동 작품)

여름이 왔어요

활동목표 여름에 볼 수 있는 풍경이나 인상 깊었던 경험 등을 재미있게 그릴 수 있다.

준비물 크레파스, 그림물감, 화지

활동방법

1. 여름에 볼 수 있는 풍경이나 여름에 가장 인상 깊었던 경험 등을 이야기해 본다.
2. 화지에 크레파스로 중심 주제를 대담하게 그린다.
3. 크레파스와 그림물감을 이용하여 채색한다.
4. 어떤 장면을 그린 것인지 유아들의 이야기를 적어서 재미있는 책을 만들어 볼 수도 있다.

오징어 가족

활동목표 유아가 상상한 세계를 마음껏 표현해 보고 다양한 표현 방법을 통하여 생동감 있게 꾸며 볼 수 있다.

준비물 하드보드지, 실 감은 롤러, 그림물감, 색종이, 인형눈, 조개껍데기, 테라코타

활동방법

1. 실 감은 롤러에 그림물감을 묻혀 하드보드지 위에 굴려 찍어서 바닷속을 표현한다.
2. 색종이로 세모와 긴 네모를 잘라 붙여 오징어의 몸체와 다리를 표현하고 인형눈을 붙여 준다.
3. 긴 네모 색종이를 V자 모양으로 구부려 물고기를 만들어 하드보드지 위에 구성하여 붙인다.
4. 바닷속 바위는 테라코타를 붙여 입체감을 주고 그 위에 조개껍데기를 붙여 생동감 있게 꾸며 준다.

커다란 꽃게가 나타났어요

활동목표 유아가 상상한 세계를 마음껏 표출할 수 있도록 상상한 내용에서 자기 생각이 잘 나타나도록 한다.

준비물 소포지, 먹물, 꽃게 실물 자료, 사인펜

활동방법

1. 꽃게에 관한 간단한 이야기를 구상하여 들려주거나 실물 꽃게를 준비하여 보여 준다.
2. 꽃게의 모양과 색 등을 돋보기로 관찰한다.
3. 소포지에 먹물로 유아 나름대로 꽃게의 형태를 그려 본다.
4. 크레파스로 채색하고 재미있는 상황 등을 생각하여 사인펜으로 자유롭게 그려 본다.
5. 어떤 장면을 그린 것인지 발표해 본다.

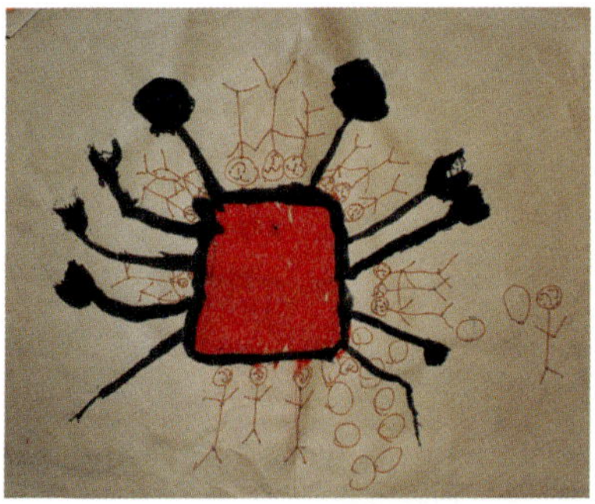

입체 그림(곤충 표현)

활동목표 새롭고 다양한 표현 방법으로 미술 활동에 의욕과 흥미를 갖도록 하며 창의적인 표현이 될 수 있도록 한다.

준비물 크레파스, 화지, 모루, 빨대, 인형눈, 본드

활동방법

1. 모루와 빨대를 적당한 길이로 잘라 화지에 구성하여 본드로 붙여서 잠자리의 몸체를 표현한다.
2. 잠자리의 눈은 인형눈을 붙여 주고 날개는 크레파스나 사인펜으로 그려 준다.
3. 크레파스로 인물이나 나무 등을 자유롭게 그리고 바탕은 그림물감으로 채색한다.

모노타이프

활동목표 판화란 어떤 것인지 생활 속에서 활용된 예를 찾아보고 한 장밖에 찍을 수 없는 모노타이프를 경험해 본다.

준비물 책받침이나 아크릴판, 수채화 물감, 복사지, 면봉

활동방법

1. 생활 속에서 판화가 활용된 물건을 찾아본다(예: 도장, 인쇄기, 티셔츠 무늬 등).
2. 책받침에 원하는 색의 수채화 물감을 부분으로 나누어 짠다.
3. 면봉으로 서로 섞어 가면서 색도 만들고 그림도 그려 본다.
4. 복사지를 덮고 손으로 살짝 눌렀다가 떼어낸다.
5. 책받침의 그림과 찍힌 모양을 서로 비교해 본다.

활동 유의점

물감이 마르기 전에 찍어야 잘 나타나며 복사지를 덮고 너무 꽉 누르면 그림의 형태가 없어지고, 너무 오랫동안 두면 달라붙어 떨어지지 않으므로 주의한다.

골판지 찍기

활동목표 골판지를 여러 가지 형태로 오려서 찍어 보고 그 찍혀진 모양을 연상하여 재미있게 그려 볼 수 있다.

준비물 골판지, 색상지, 휴지, 그림물감

활동방법

1. 골판지에 나무 모양을 그려서 오려 낸다.
2. 오려 낸 골판지에 물감을 묻혀 화지 위에 찍는다.
3. 나뭇잎은 휴지를 동그랗게 구겨 찍는다.
4. 골판지를 물고기 모양으로 오리고 눈은 펀치로 뚫어 준다.
5. 화지에 골판지 물고기를 적당히 구성하여 찍고, 바위는 휴지를 구겨 찍어서 표현하고, 물방울은 면봉으로 찍어서 나타낸다.

골판지 프로타주

활동목표 문질러 나오는 골판지의 재질감을 나타내 보고 시각적·촉각적 표현력을 기를 수 있다.

준비물 골판지, 가위, 풀, 크레파스나 색연필, 복사지

활동방법

1. 골판지를 여러 가지 모양으로 잘라 화지 위에 붙인다.
2. 복사지를 위에 대고 크레파스나 색연필로 문질러 나타나는 모양을 관찰해 본다.
3. 골판지를 잘라서 꽃 모양이나 기타 여러 가지 모양으로 붙인다.
4. 꽃 모양 골판지 위에 복사지를 대고 여러 가지 색의 크레파스를 눕혀서 문질러 나타내 본다.

활동 유의점

- 문지르다가 복사지가 밀려날 수 있으므로 교사가 화지 가장자리를 스테이플러로 고정한다.
- 크레파스나 색연필을 눕혀서 문지르면 잘 나타난다.

아연판 그림

활동목표 다양한 평면 재료를 경험하고 표현의 폭을 넓히며 아연판 재료의 특성을 살려 재미있게 표현할 수 있다.

준비물 아연판, 홀핀, 스테인, 신문지, 아크릴 물감

활동방법

1. 아연판에 사인펜으로 밑그림을 그린 후 홀핀으로 누르면서 따라 그린다.
2. 꽃이나 꽃잎, 물고기 몸체 등 작고 큰 면은 홀핀으로 눌러서 튀어나오게 한다.
3. 배경은 원하는 부분만 콕콕 눌러 점으로 채운다.
4. 중심이 되는 이미지를 아크릴 물감으로 채색하여 말린다.
5. 나머지 부분에 스테인을 바르고 휴지로 닦아내어 어둡거나 밝게 변화를 준다.

활동 유의점

- 아연판 밑에 신문지를 여러 겹 깔면 홀핀으로 누르기 쉽다.
- 힘이 많이 들어가므로 크기는 32절 정도로 한다.
- 아연판은 얇아서 원하는 모양으로 쉽게 자를 수도 있다. 다만, 자른 면이 날카로울 수 있으므로 주의한다.

꼬마 분수

활동목표 페트병을 활용하여 놀잇감을 만들어 보고 놀이에 활용해 본다.

준비물 페트병, 유성 매직, 색 전선, 송곳

활동방법

1. 페트병을 적당한 길이로 자르고 하단 부분 주위를 송곳으로 구멍을 여러 개 뚫어 놓는다.
2. 페트병은 컬러시트지로 무늬를 오려 붙이거나 유성 매직, 스테인드글라스 물감으로 그림을 그리거나 채색한다.
3. 펀치로 페트병 양쪽에 구멍을 뚫고 색 전선을 끼워 넣어 손잡이를 만든다.
4. 페트병에 물을 넣으면 구멍 사이로 물이 새어 나와 작은 분수가 된다.

활동 유의점

잘라진 면이 날카로우므로 투명테이프를 붙여서 다치지 않도록 유의한다.

페트병 액자

활동목표 페트병에 여러 가지 재료를 붙여서 입체적으로 장식하여 액자로 활용해 볼 수 있다.

준비물 페트병, 마카로니, 콩, 본드, 래커 스프레이

활동방법

1. 페트병을 적당한 길이로 잘라 놓는다.
2. 사진 붙일 부분을 남겨 놓거나 필요하면 교사가 구멍을 뚫어 준다.
3. 마카로니, 콩, 병뚜껑, 골판지 등을 이용하여 예쁘게 꾸며주고 금·은색 스프레이를 뿌려 준다.
4. 래커가 완전히 마른 후에 사진을 붙여 준다(구멍을 뚫은 액자는 페트병 안쪽에 사진을 붙인다).

활동 유의점

래커 스프레이는 페트병 겉면만 뿌려 주며 한 곳에 너무 많은 양을 뿌리지 않도록 주의한다.

페트병 시계, 팔찌

활동목표 페트병을 이용하여 생활 주변에서 필요한 물건들을 만들어 보고 직접 사용해 보는 경험을 할 수 있다.

준비물 둥근 페트병, 컬러시트지, 색종이, 병뚜껑, 셀로판테이프, 인형눈, 색볼, 유성펜

활동방법

1. 교사는 페트병을 2cm 두께로 잘라 놓는다.
2. 가장자리가 날카로울 수 있으므로 시트지나 셀로판테이프를 이용하여 가장자리를 돌려가며 붙인다.
3. 여러 가지 색 시트지로 꾸며서 팔찌와 시곗줄을 만든다.
4. 팔찌에는 색볼로 동물 얼굴을 만들어 붙여 재미있게 꾸며 준다.
5. 병뚜껑에 시트지를 붙이고 유성펜으로 시곗바늘을 그려 시계를 만들고 꾸며 놓은 시곗줄에 붙인다.
6. 팔찌와 시계를 손목에 끼워 보고 재미있게 표현된 것을 찾아 이야기해 본다.

나무 위에 그리기

활동목표 종이가 아닌 다양한 재료에도 표현될 수 있음을 알고 종이와 다른 질감과 느낌을 경험해 본다.

준비물 나무, 크레파스

활동방법

1. 종이 외에 어떤 곳에 그림을 그릴 수 있을지 서로의 경험을 나누어 본다.
2. 나무를 만져 보고 느낌을 이야기해 본다.
3. 크레파스로 나무 위에 원하는 그림을 자유롭게 그려 본다.
4. 종이 위에 그렸을 때와 어떻게 다른지 표현의 차이점을 느껴 본다.

활동 유의점

- 모든 나무가 가능하며 목재소나 인터넷에서 구입이 가능하다.
- 유아 미술 활동용으로 나온 벽걸이용 나무를 활용해도 좋다.

스티로폼을 이용한 만들기

활동목표 생활 주변에서 흔히 볼 수 있는 폐품을 활용하여 여러 가지 재미있는 방법으로 표현해 본다.

준비물 여러 가지 모양의 스티로폼 조각, 이쑤시개, 색종이, 인형눈, 색볼, 볼스티로폼

활동방법

1. 여러 가지 스티로폼 조각의 모양을 잘 살펴보고 무엇과 비슷한지, 무엇을 표현할 것인지 생각해 본다.
2. 스티로폼 조각은 이쑤시개를 이용하여 서로 연결하여 붙여서 재미있게 표현해 본다.
3. 다양한 폐품 재료를 이용하여 자유롭게 꾸며 볼 수 있도록 한다.
4. 유아들이 자기의 표현 대상에 맞는 재료를 선택할 수 있도록 지도한다.

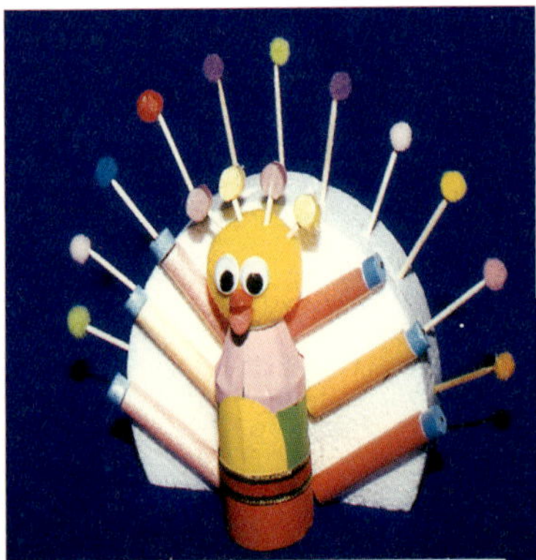

나무 그리기

활동목표 다양한 나무의 형태를 탐색해 보고 개념적인 표현을 벗어나 창의적으로 표현해 볼 수 있다.

준비물 사인펜, 크레파스, 색연필, 화지

활동방법

1. 화지 밑면을 약 5cm 정도 접어 올렸다 편다.
2. 접었던 선 밑부분은 땅속을 표현하고 그 위는 땅 위의 나무를 표현한다.
3. 다양한 모양의 나무 사진 자료를 준비하여 나무 모양의 특징에 대해 서로 이야기를 나누어 본다.
4. 사인펜으로 나무의 몸체를 대담하게 그리고 나뭇가지와 나뭇잎 등을 그려 넣는다.
5. 나무의 색도 관찰하여 크레파스나 색연필로 채색한다.
6. 나무 밑의 땅속도 상상하여 자유롭게 그려 본다.

너무 더운 코끼리

활동목표 재미있는 상황을 만들어 제시함으로써 개념적인 표현에서 벗어나 다양한 표현을 유도해 본다.

준비물 사인펜, 크레파스, 색연필, 화지

활동방법

1. 친구들은 어떻게 더운 여름을 시원하게 보내는지 이야기해 본다.
2. 코끼리를 주제로 하여 재미있는 상황을 만들어 이야기를 들려준다.
3. 유아들의 경험을 살려 재미있게 그려 본다.
4. 어떤 장면인지 서로 발표해 본다.

손바닥 해바라기(공동 작품)

활동목표 신체를 이용한 미술 활동을 통해 오감을 자극하고 친구들과 협동하여 해바라기를 완성해 보면서 커다란 벽화를 만드는 경험을 해 볼 수 있다.

준비물 전지 크기의 화지, 물감 스탬프, 물휴지, 크레파스

활동방법

1. 물감 스탬프로 손에 물감을 묻힌 후 종이 위에 찍고 찍힌 형태를 마음껏 탐색해 본다.
2. 종이를 동그랗게 오린 후 그림 종이 위에 살짝 붙여 고정한다.
3. 동그란 종이를 따라 손바닥을 찍은 후 종이를 떼어내면 해바라기 꽃이 만들어진다.
4. 줄기와 잎을 크레파스로 그린 후 손가락에 물감을 묻혀 찍는다.
5. 잠자리의 눈과 몸체를 그린 후 날개는 손가락을 찍어 표현해 본다.

활동 유의점

물티슈를 준비하여 색을 바꿀 때 손쉽게 닦을 수 있도록 한다.

8월 미술 활동

탈색 그림
해수욕장에서
지점토 · 색점토 표현놀이
쌀 콜라주
신발 찍기 놀이
비 오는 날
조개 콜라주
살아있는 물고기를 만들어 보아요
공룡이 나타났어요
막대 그림
바다 표현하기
바닷게 가족
물고기 만들기
문질러 나타내기
메뚜기 만들기
바닷속에는(공동 작품)

탈색 그림

활동목표 종이를 탈색시켜 나타나는 표현을 경험해 보고 유아가 생각한 것을 특징을 살려 나타낼 수 있다.

준비물 색습자지, 풀, 면봉, 락스, 화지

활동방법

1. 색습자지의 네 모서리를 화지 위에 풀로 붙여 고정한다.
2. 면봉에 락스를 묻혀서 채색해 보고 흰색으로 탈색되어 이미지가 만들어지는 과정을 관찰한다.
3. 넓은 면을 탈색하기보다는 선이나 점을 활용하여 그림을 그리도록 한다.
4. 완성된 그림을 서로 감상해 보고 크레파스 그림과 다른 점을 이야기해 보도록 한다.

활동 유의점

- 락스를 직접 만지지 않도록 미리 안전 교육을 한다.
- 락스의 양은 가급적 적게 주고 활동이 끝나면 바로 치우도록 한다.
- 환기가 잘되는 곳에서 활동하도록 한다.

해수욕장에서

활동목표 자신이 경험한 것을 그려 보고 모래에 붙여 생동감 있게 표현할 수 있다.

준비물 화지, 모래, 본드, 크레파스

활동방법

1. 해수욕장에 가 보았던 서로의 경험을 이야기해 본다.
2. 자기가 보고 경험한 것을 화지에 그려 본다.
3. 모래 해변은 본드를 바른 후 모래를 뿌려 살짝 눌러 붙이고 남은 모래는 털어 낸다.
4. 수영하는 사람, 비치파라솔 등 해변 풍경을 재미있게 크레파스로 그려 본다.

지점토 · 색점토 표현놀이

활동목표 유아가 다루기 쉽고 흥미를 줄 수 있는 재료와 용구를 이용하여 다양한 방법으로 표현한다.

준비물 지점토, 색점토, 성냥개비, 이쑤시개, 인형눈

활동방법

1. 지점토를 유아 손 안에 들어갈 정도의 크기로 떼어 주무르다가 납작하게 눌러서 만들려고 하는 사물의 몸체를 만든다.
2. 3~4가지 색의 색점토를 이용하여 다른 색끼리 섞거나 서로 꼬아 보며 탐색한다.
3. 색점토를 길게 말아 붙이거나 동그랗게 만들어 붙여 몸체를 꾸며 준다.
4. 인형눈을 붙이고 이쑤시개, 성냥개비 등으로 몸체를 꾸며 주거나 더듬이를 표현해 준다.
5. 인물, 꽃, 동물, 과일, 채소 등 색과 모양의 특징을 살려 만들어 본다.

활동 유의점

점토끼리 연결할 때 이쑤시개로 연결하여 붙이면 쉽다.

쌀 콜라주

활동목표 식용 색소로 쌀을 염색해 보고 색의 조화를 생각하여 지점토에 꾸며 볼 수 있다.

준비물 쌀, 식용 색소, 스티로폼 본드, 지점토, 철사

활동방법

1. 빈 플라스틱 용기에 식용 색소를 탄 물과 쌀을 넣어 쌀에 여러 가지 색의 물을 들인다.
2. 쌀에 물이 든 것을 확인한 후에 햇빛에 펼쳐 놓고 말린다.
3. 지점토를 납작하게 손바닥으로 누르고 원하는 모양으로 잘라 낸다.
4. 지점토에 이쑤시개로 간단하게 밑그림을 그린다.
5. 원하는 부분에 본드를 칠한 후 쌀을 붙이고 남은 쌀은 털어 낸다.
6. 같은 방법으로 여러 가지 색의 쌀로 꾸며 준다.
7. 클립이나 철사를 꽂아서 고리를 만들어 주고 그늘에서 완전히 건조한다.

신발 찍기 놀이

활동목표 모래사장을 걸을 때 찍히는 발자국을 화지에 물감으로 찍어 보고 연상되는 사물을 표현해 본다.

준비물 유아용 신발, 그림물감, 붓, 2절 전지 또는 색지

활동방법

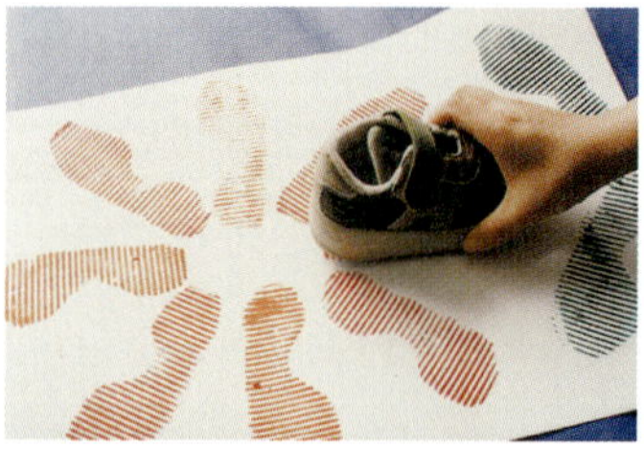

1. 유아의 신발 바닥에 물감을 칠한다.
2. 신발에 손을 넣고 눌러서 모양대로 찍고 그 모양을 관찰한다.
3. 다양한 색의 물감을 신발 바닥에 칠하여 찍어 보고 자유롭게 찍거나 서로 연결하여 찍어 어떤 모양을 만들 수 있다.
4. 찍혀진 모양을 연상하여 크레파스, 그림물감 등을 이용하여 그려 본다.

활동 유의점

준비된 신발 수가 적을 때는 흐린 색부터 찍거나 찍은 후 색을 닦아내고 사용한다.

비 오는 날

활동목표 배수성의 특성을 살려 비가 오는 풍경을 창의적으로 표현해 볼 수 있다.

준비물 그림물감, 크레파스, 화지, 색종이, 빨대, 양초, 접착테이프

활동방법

1. 비가 올 때의 경험을 서로 이야기해 본다.
2. 비 오는 풍경을 크레파스로 재미있게 그리고, 빗줄기는 화지를 비스듬히 놓고 촛농을 흘려 표현한다.
3. 진한 색 계열의 그림물감으로 바탕을 칠한다.
4. 색종이에 우산 모양을 그려서 오린 후 빨대를 붙여서 우산을 표현한다.
5. 색종이 우산을 화지에 붙이고 크레파스로 인물, 집, 나무 등의 풍경을 그려 준다.
6. 빗줄기는 크레파스로 그려 주거나 그림물감을 흘려서 생동감 있게 표현해 본다.

활동 유의점

양초 사용 시에는 화상을 입지 않도록 주의한다.

조개 콜라주

활동목표 조개를 예쁘게 꾸며 붙이고 연상하여 그려 볼 수 있다.

준비물 조개껍데기, 아크릴 물감, 본드, 크레파스, 사인펜

활동방법

1. 조개껍데기를 아크릴 물감으로 채색하고 간단한 무늬를 그려 넣는다.
2. 화지에 자유롭게 밑그림을 그리고 물감, 크레파스 등으로 채색한다.
3. 예쁘게 꾸민 조개껍데기를 그림 위에 구성하여 본드로 붙인다.
4. 인형눈을 붙이고 나머지 부분을 크레파스로 그려 넣는다.

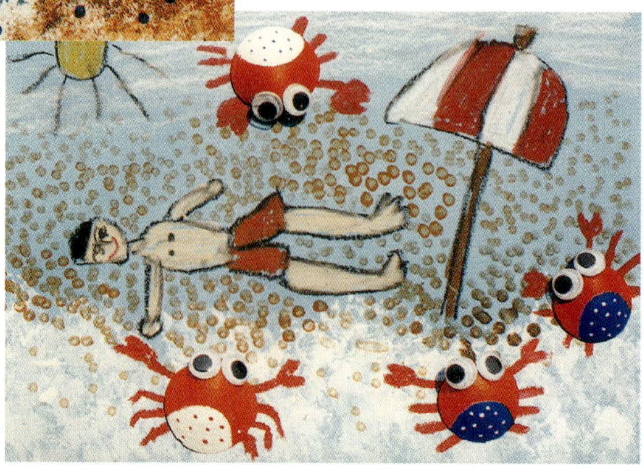

살아있는 물고기를 만들어 보아요

활동목표 건어물을 이용하여 생동감 있는 조형 활동을 경험해 보고 미술 활동에 흥미를 줄 수 있다.

준비물 건어물(마른 생선), 인형눈, 모루, 색종이, 부직포, 본드, 가위, 풀, 색볼

활동방법

1. 건어물(북어, 오징어, 노가리 등)을 준비한다.
2. 오징어 몸체에 색종이를 찢어 붙이고 인형눈, 색볼 등으로 얼굴을 꾸며 준다.
3. 모루로 오징어 다리를 표현하고 색볼로 꾸며 준다.
4. 노가리 몸체에 모루를 잘라 붙여 꾸미고 색상지를 지느러미 모양으로 오려 가위집을 낸 후 몸체에 붙여 준다.
5. 물고기 눈 위치에 인형눈을 붙이고 여러 가지 재료를 이용하여 꾸며 준다.

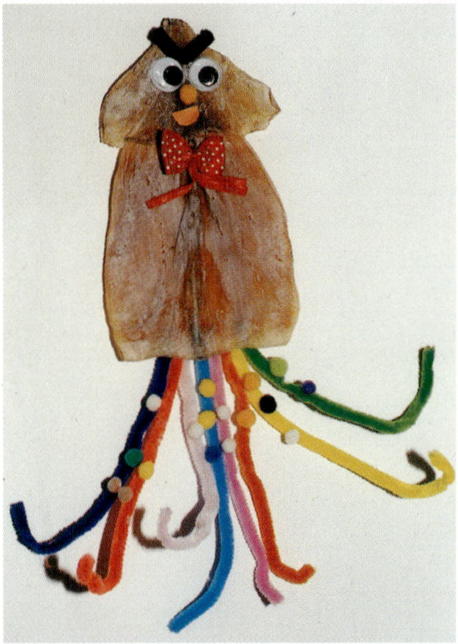

공룡이 나타났어요

활동목표 공룡의 특징을 살려 그리고 달걀 껍데기를 이용하여 질감을 표현할 수 있다.

준비물 달걀 껍데기, 본드, 크레파스, 화지

활동방법

1. 다양한 공룡의 사진 자료를 준비하여 공룡의 종류와 모양 등 특징을 알아본다.
2. 어떤 공룡을 그릴 것인지 생각해 보고 공룡을 화지에 그려 본다.
3. 공룡의 몸체 부분에 본드를 칠하고 달걀 껍데기를 붙여 생동감 있게 나타내 본다.
4. 공룡 주변 배경을 유아 나름대로 재미있게 그려 본다.

응용 활동

달걀 껍데기를 아크릴 물감으로 채색하거나 무늬가 있는 메추리알 껍데기 등을 이용할 수 있다.

막대 그림

활동목표 아이스크림 막대로 액자를 엮어 그림을 그려 봄으로써 재질에 따라 나타나는 다양한 느낌을 경험한다.

준비물 아이스크림 막대, 가는 끈, 매직, 크레파스

활동방법

1. 아이스크림 막대를 끈으로 엮어 액자를 만들어 준비한다.
2. 나무 막대가 주는 질감과 느낌을 생각하여 어떤 그림을 그릴지 주제를 구상해 본다.
3. 크레파스, 매직 등을 이용하여 자유롭게 그림을 그린다. 이때 막대가 서로 조금씩 떨어져 있으므로 잘 연결하여 그릴 수 있도록 한다.
4. 종이에 그렸을 때와 느낌이 어떻게 다른지 표현의 차이를 느껴 본다.
5. 족자처럼 걸어서 전시한다.

활동 유의점

- 그림을 그리면서 아이스크림 막대가 빠지지 않도록 단단히 엮어서 준비한다.
- 일반 아이스크림 막대보다 두꺼운 막대도 문구점에서 쉽게 구입이 가능하다.

바다 표현하기

활동목표 우연히 생긴 동적인 현장에서 색과 무늬의 아름다움을 발견하며 독특하고 재미있게 다양한 방법으로 표현해 본다.

준비물 마블링 물감, 화지, 색종이, 인형눈, 크레파스, 넓은 그릇(세숫대야)

활동방법

1. 입구가 넓은 그릇(세숫대야)에 초록색과 파란색 마블링 물감을 떨어뜨리고 입김을 불어 자연스럽게 퍼지도록 한 후 종이를 세워 흔들면서 찍어 내어 바다를 표현한다.
2. 색종이를 2cm 두께로 잘라 V자 모양으로 구부려 서로 붙여 물고기를 만들고 인형눈을 붙여 준다.
3. 물고기를 마블링 물감이 찍힌 바다에 구성하여 붙인다.
4. 사인펜이나 크레파스로 갈매기, 배, 인물 등 바다의 풍경을 자유롭게 그려 넣는다.

바닷게 가족

활동목표 바닷게의 모양과 특징을 살펴보고 여러 가지 재료를 이용하여 표현할 수 있다.

준비물 수세미, 빨대, 인형눈, 색상지, 모루, 상자, 장식 리본

활동방법

1. 바닷게의 모양은 어떻게 생겼는지 특징을 알아본다.
2. 수세미와 상자를 이용하여 바닷게의 몸체를 표현한다.
3. 바닷게 다리는 모루나 빨대 등으로 표현해 본다.
4. 기타 여러 가지 재료를 이용하여 특징이 잘 나타나도록 만들어 본다.

물고기 만들기

활동목표 폐품을 활용하는 태도를 기르고 물고기의 모양과 특징을 살려 만들어 볼 수 있다.

준비물 여러 가지 폐품, 색상지, 인형눈, 부직포, 본드, 풀, 가위, 리본끈

활동방법

1. 물고기의 모양과 특징을 알아보고 어떤 폐품을 이용하여 만들 것인지 생각해 본다.
2. 여러 가지 폐품 중에서 물고기의 몸체는 일회용 접시, 상자 등으로 표현한다.
3. 눈은 인형눈을 붙여 주고 지느러미는 색상지, 부직포, 리본끈 등으로 꾸며 준다.
4. 물고기를 모아서 바닷속 환경 구성을 해 본다.

문질러 나타내기

활동목표 새롭고 다양한 미술 활동을 통하여 표현 의욕을 높이고 자신감을 가질 수 있다.

준비물 크레파스, 휴지, 가위, 화지

활동방법

1. 화지를 반으로 접은 후 원하는 모양으로 잘라 내어 펼친다.
2. 구멍 난 주위에 크레파스로 색을 칠한다.
3. 화지 위에 놓고 구멍 난 안쪽으로 크레파스를 휴지로 문지른다.
4. 화지를 길게 잘라 한쪽 면을 손으로 찢고 크레파스로 색을 칠한다.
5. 화지 위에 놓고 휴지로 문지른다.
6. 여러 가지 색으로 문질러 칠해 보고 연상되는 것들을 자유롭게 그려 본다.

활동 유의점

한 개의 모양틀로 여러 색을 칠할 경우 연한 색부터 칠한다(예: 노란색 → 주황색 → 빨간색 → 보라색).

메뚜기 만들기

활동목표 휴지심을 이용하여 메뚜기의 색과 특징을 살려 만들어 볼 수 있다.

준비물 휴지심, 색종이, 인형눈, 모루

활동방법

1. 메뚜기의 참고 사진을 준비하여 메뚜기의 모양과 색, 더듬이, 날개 등의 특징을 살펴본다.
2. 색종이 중에서 메뚜기 몸체와 비슷한 색을 찾아내어 휴지심을 싸서 메뚜기의 몸체를 표현한다.
3. 인형눈을 붙여 얼굴을 만들고 모루로 다리와 더듬이를 만들어 붙인다.
4. 색종이에 날개 모양을 그려서 오린 후 몸체에 붙여 준다.

바닷속에는(공동 작품)

활동목표 바닷속에는 어떤 생물이 있는지 관찰을 통해 과학적 상상력과 탐구력을 길러 주고 멸치를 이용하여 생동감 있는 표현을 해 본다.

준비물 전지 크기의 두꺼운 보드지, 스티로폼, 래커, 모루, 멸치, 백업, 모루, 작은 게, 오징어, 노가리, 색볼, 인형눈 등

활동방법

1. 두꺼운 보드지를 파란색으로 채색하여 바다 느낌을 낸다.
2. 스티로폼을 자연스럽게 뜯은 후 래커를 뿌려 바위를 만든다.
3. 배경판에 바위를 붙이고 모루로 수초를 만들어 꽂는다.
4. 멸치를 붙여서 작은 물고기를 표현한다.
5. 오징어를 잘라서 작은 오징어, 큰 물고기 등을 만들어 붙인다.
6. 노가리에 모루로 지느러미를 만들어 붙이고 눈은 인형눈을 붙인다.
7. 완성한 바다 생물들을 구성하여 바닷속을 재미있게 표현해 본다.
8. 교실 환경 구성에 활용한다.

활동 유의점

폐품을 활용하여 잠수함, 잠수부 등 재미있게 꾸며 보도록 한다.

9월 미술 활동

한지 찢기 놀이
스테인드글라스 투명 그림
스테인드글라스 물감 + 지점토
올림픽 경기 그리기
사포 + 파스텔
크레파스 녹여 그리기
사포 판화
전래 동화 듣고 그리기
태극 부채
고궁
전통 문양 꾸미기
나무 장승 만들기
지점토 탈 만들기
달걀판 조형놀이
솟대
장승 만들기(공동 작품)

한지 찢기 놀이

활동목표 한지와 일반 종이의 다른 점을 알아보고 색의 조화를 감상하며 자유롭게 한지를 찢어서 새롭게 구성해 볼 수 있다.

준비물 두꺼운 색상지 또는 도톰한 색한지, 얇은 흰색 한지, 물풀, 못

활동방법

1. 색상지나 도톰한 색한지를 여러 가지 색으로 붙여서 밑판을 만든다.
2. 얇은 흰색 한지에 물풀을 충분히 칠한 후 붙인다.
3. 한지가 마르기 전에 못으로 한지 부분을 긁으면서 자연스럽게 한지를 찢는다.
4. 긁어서 찢으면 바탕 밑색이 보이면서 신비로운 느낌을 주게 된다.
5. 한 방향으로 찢기, 사방으로 찢기 등 여러 가지 방법으로 표현해 본다.

활동 유의점

바탕이 되는 색상지가 완전히 마른 후 물풀을 충분히 바르고 얇은 흰색 한지를 붙인다.

스테인드글라스 투명 그림

활동목표 스테인드글라스 물감의 특성을 알아보고 물감의 특성을 살려 투명한 재료에 색을 만들어 보는 경험을 할 수 있다.

준비물 스테인드글라스 물감, 투명 아크릴판

활동방법

1. 중세 시대 성당의 창문에 꾸며진 스테인드글라스 작품을 보여 준다.
2. 투명 아크릴판을 적당한 크기로 잘라서 유아에게 나누어 준다.
3. 아크릴판과 같은 크기의 복사지에 무엇을 그릴지 생각하여 밑그림을 그려 본다.
4. 아크릴판 밑에 밑그림 종이를 놓고 검은색 스테인드글라스 물감으로 밑그림을 따라 그려 준다.
5. 검은색 물감이 마른 후에 다른 여러 색의 스테인드글라스 물감으로 채색하고 바탕은 점을 찍어서 꾸미거나 면을 나누어 채색한다.
6. 햇빛이 비치는 창문에 구성해 본다.

스테인드글라스 물감 + 지점토

활동목표 스테인드글라스 물감의 특성과 느낌을 알아보고 지점토에 채색해 볼 수 있다.

준비물 스테인드글라스 물감, 지점토, 요구르트병, 빨대

활동방법

1. 지점토를 평평하게 편다.
2. 검은색 스테인드글라스 물감으로 밑그림을 그리고 마른 후에 투명한 다른 색으로 채색한다.
3. 지점토를 얇게 펴서 요구르트병을 싼다.
4. 이쑤시개로 무늬를 그리거나 빨대로 찍어서 장식한다.
5. 부분적으로 스테인드글라스 물감을 칠해서 꾸며 준다.

활동 유의점

병을 칠할 때는 물감이 흐르지 않도록 주의한다.

올림픽 경기 그리기

활동목표 세계 여러 나라가 참여하는 올림픽에 관심을 가지고 다양한 경기 방법과 모습을 관찰하여 그림으로 표현해 볼 수 있다.

준비물 화지, 크레파스, 수채화 물감

활동방법

1. 올림픽은 어떤 경기인지 알아보고 제일 좋아하는 운동 경기는 무엇인지 서로 이야기 나누어 본다.
2. 경기 중 가장 인상 깊었던 장면을 떠올려 보고 그림으로 표현해 본다.
3. 인물의 동작에 유의하여 대담하게 표현해 보고 옷은 운동복이나 유니폼을 그린다.
4. 인물 주변에는 응원하는 사람들이나 경기장의 모습을 간단하게 표현한다.
5. 크레파스, 수채화 물감 등을 자유롭게 선택하여 채색한다.

사포 + 파스텔

활동목표 사포의 질감을 느껴 보고 파스텔의 색과 느낌을 살려 다양하게 표현해 볼 수 있다.

준비물 사포, 파스텔, 크레파스, 정착액, 종이 포일

활동방법

1. 사포를 만져 보고 종이와 질감이 어떻게 다른지 이야기해 본다.
2. 사포의 색을 살펴보고 어떤 색으로 그려야 잘 보일지 크레파스를 올려놓고 비교해 본다.
3. 흰색 크레파스로 그리고자 하는 대상을 대담하게 그린다.
4. 넓은 부분은 파스텔을 긁어 가루를 뿌리고 종이 포일을 올려놓고 손으로 문질러 사포에 잘 붙도록 한다.
5. 세밀한 부분은 크레파스나 파스텔로 채색한다.
6. 정착액을 뿌려 파스텔 가루가 떨어지지 않도록 한다.

크레파스 녹여 그리기

활동목표 크레파스를 녹여 점을 찍어 입체감 있게 표현해 본다.

준비물 사포, 크레파스, 양초

활동방법

1. 약간 거친 사포를 준비한다.
2. 사포 위에 크레파스를 올려놓고 어떤 색이 잘 보이는지 알아본다.
3. 흰색 크레파스로 밑그림을 대담하게 그려 준다.
4. 양초에 크레파스를 살짝 녹여서 사포 위에 점을 찍듯이 찍어서 질감이 잘 나타나도록 표현해 본다.
5. 활동 후에 크레파스 녹인 것이 떨어질 수 있으므로 우드락 본드를 칠해 준다.

활동 유의점

- 양초에 크레파스를 녹이기 전에 크레파스를 싼 종이를 충분히 뜯어낸다.
- 크레파스는 조금씩 녹여서 반복하여 점을 찍어 표현한다.
- 사포의 크기는 32절 정도의 크기로 잘라 준비한다.

사포 판화

활동목표 사포의 질감을 느껴 보고 크레파스가 녹아서 찍히는 것을 관찰하여 판화에 대한 흥미를 느낄 수 있다.

준비물 사포, 다리미, 크레파스, 신문지, 복사지

활동방법

1. 눈을 감고 사포를 만져 보아 느껴지는 질감에 따라 생각나는 것을 이야기해 본다.
2. 사포 위에 크레파스를 올려놓고 잘 보이는 색을 고른다.
3. 사포에 크레파스로 밑그림을 그리고 진하게 채색한다.
4. 사포 그림 위에 복사지를 덮고 그 위에 신문지를 덮은 후 다리미로 다린다.
5. 복사지에 찍혀 나온 그림을 살펴보고 사포에 그린 그림과 무엇이 달라졌는지 살펴본다.

활동 유의점

찍을 화지가 흰색일 경우 사포에 흰색을 채색하지 않는다.

전래 동화 듣고 그리기

활동목표 전래 동화를 통하여 우리 고유의 문화를 느낄 수 있으며 이야기 속의 장면을 특징을 살려 표현할 수 있다.

준비물 크레파스, 스케치북

활동방법

1. 우리나라의 전래 동화 그림책을 준비하여 이야기를 들려준다.
2. 어떤 이야기인지 줄거리를 이야기해 보고 이야기 속에 나오는 주인공들의 특징을 그림책을 통해 살펴본다.
3. 어떤 장면을 그릴지 생각해 보고 화지에 대담하게 그려 본다.
4. 옛날 옷이나 집 등의 특징을 살려 어떤 장면을 그린 것인지 서로 발표해 본다.

활동 유의점

옛날 집이나 의복 등은 유아가 표현하기 어려울 수 있으므로 충분한 자료를 준비하여 관찰할 수 있도록 하고 상상력 있는 표현은 격려해 주도록 한다.

태극 부채

활동목표 우리나라의 여러 가지 고유 문양을 알아보고 미술 활동에 도입해 본다.

준비물 한지, 당근, 이쑤시개, 그림물감, 화지, 손코팅지, 하드보드지

활동방법

1. 당근을 적당한 크기로 자르고 둥근 단면에 이쑤시개로 태극 문양을 새긴다.
2. 빨강과 파랑 두 가지 색으로 칠하고, 한지나 화지에 태극 문양을 찍는다.
3. 문양을 찍은 한지는 원하는 부채 모양으로 오려서 손코팅지에 코팅하여 부채를 만든다.
4. 하드보드지에 원하는 모양의 손잡이를 두 장 오려서 부채 앞뒤에 붙여 준다.
5. 화지에 찍은 것은 길게 계단 접기 한 후 다시 반으로 접어 붙여 간단히 부채를 만들어 본다.

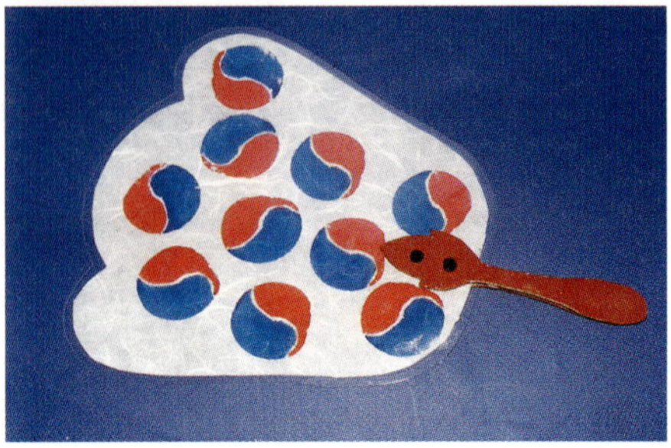

고궁

활동목표 고궁에 대해 알아보고 고궁의 특징을 살려 독특하게 그려 볼 수 있다.

준비물 화지, 크레파스

활동방법

1. 고궁에 가 본 적이 있는지 서로의 경험을 이야기해 본다.
2. 고궁의 특징을 잡아 크레파스로 밑그림을 그려 보고 복잡한 부분은 간단하게 특징만 표현하게 한다.
3. 크레파스로 채색하고 지붕은 선을 덧그려 기와의 특징을 표현한다.
4. 고궁 주변에 나무, 사람 등 유아 나름대로 재미있게 그려 본다.

전통 문양 꾸미기

활동목표 우리나라 전통 문양의 색과 모양은 어떠한 것이 있는지 탐색해 보고 부직포를 이용하여 입체적으로 꾸미면서 아름다움을 느껴 볼 수 있다.

준비물 부직포, 본드, 가위

활동방법

1. 우리나라 고유의 전통 문양 자료를 보여 주고 문양의 의미, 상징 등을 알아본다.
2. 문양 자료를 보고 가장 큰 부분을 먼저 그려서 오려 낸다.
3. 작은 부분을 잘라서 2 위에 겹쳐 붙여 꾸민다.
4. 색과 모양의 조화를 생각하여 꾸며 완성한다.
5. 완성된 문양을 모두 모아서 환경판에 구성해 전시한다.

활동 유의점

유아들은 크기를 맞추기 어려우므로 문양을 복사지에 프린트하여 나누어 주고 문양 그림을 오린 후 부직포에 대고 그려 오리게 한다.

나무 장승 만들기

활동목표 장승에 대해 알아보고 자연물 재료를 이용하여 특징을 살려 만들어 볼 수 있다.

준비물 여러 가지 굵기와 크기의 나뭇가지, 나무 조각, 인형눈, 본드

활동방법

1. 굵은 나뭇가지는 세로로 길게 반으로 자르거나, 2cm 두께로 잘라 동그란 모양을 만들고 원을 다시 반으로 잘라 반원 모양으로 잘라 놓는 등 여러 가지 모양으로 잘라 준비한다.
2. 긴 나무로 장승의 얼굴을 표현하고 작은 나뭇가지와 인형눈으로 눈, 코 등을 표현한다.
3. 입과 귀는 반원이나 동그란 나무를 붙여 준다.
4. 긴 나뭇가지에 장승의 얼굴을 붙여서 받침이 되는 나무에 꽂아 고정해 세워 준다.

지점토 탈 만들기

활동목표 점토 활동을 통하여 물체의 양감과 질감을 알고 형태를 쉽게 바꿈으로써 조형의 기본을 알 수 있도록 하고 소근육 발달을 돕는다.

준비물 지점토, 밀대, 아크릴 물감, 가위

활동방법

1. 여러 가지 탈의 자료를 준비하여 탈의 모양과 색 등을 관찰한다.
2. 밀대로 지점토를 0.3cm 정도 두께로 밀어서 편다.
3. 탈의 얼굴 모양으로 동그랗게 가위로 오린다.
4. 지점토를 덧붙여 눈썹, 코, 입, 눈 등을 꾸며 주거나, 점토 칼로 눈과 입 등을 오려 낸다.
5. 점토 탈이 다 마른 후에 아크릴 물감으로 채색한다.
6. 마로 된 천을 준비하여 가장자리 끝의 올을 풀어 장식하고 중앙에 완성된 탈을 모아서 붙여 준다.

달걀판 조형놀이

활동목표 다양한 활용 방법과 표현 방법을 탐색하여 창의적으로 만들어 보고 이야기가 있는 장면을 만들어 볼 수 있다.

준비물 종이 달걀판, 아크릴 물감, 모루, 인형눈, 색볼, 색상지, 낚싯줄

활동방법

1. 종이 달걀판의 달걀 담는 부분을 하나씩 또는 길게 가위로 오린 후 아크릴 물감으로 예쁘게 채색한다.
2. 꾸불꾸불한 벌레는 낱개의 달걀판을 모루로 연결하여 몸체를 만든다.
3. 인형눈을 붙여 주고 모루로 더듬이와 다리 등을 꾸며 준다.
4. 오려낸 달걀판 두 개를 서로 붙여서 새의 몸체를 표현한다.
5. 인형눈을 붙여 주고 색상지로 부리와 날개를 오려서 붙이고 꽃술로 장식한다.
6. 낚싯줄을 묶어서 모빌로 활용한다.

솟대

활동목표 솟대의 의미를 알아보고 나뭇가지와 지점토를 이용하여 만들어 볼 수 있다.

준비물 지점토, 나뭇가지, 그림물감

활동방법

1. 솟대의 의미를 알아보고 모양을 잘 살펴본다.
2. 지점토로 작은 새 모양을 만들어 나뭇가지 끝에 꽂는다.
3. 지점토 새가 마른 후에 그림물감으로 채색한다.
4. 동그란 나무에 완성된 나뭇가지를 꽂아 구성하고 한지를 나뭇가지에 부분적으로 묶어 준다.

※ 솟대: 수호와 경계의 뜻으로 마을 앞에 세우는 긴 장대이다. 장대 끝에 하늘에 닿을 듯한 새를 나무로 깎아 앉혀 놓았다.

장승 만들기(공동 작품)

활동목표 우리 민속 공예품에는 어떤 것이 있는지 알아보고 장승의 특징을 살려 만들어 볼 수 있다.

준비물 전지 크기의 마분지, 색상지, 색종이, 풀, 백업, 인형눈, 골판지

활동방법

1. 마분지를 길게 원통형으로 말아서 고정한다.
2. 골판지를 잘라 몸체 위쪽 뒷면에 붙인다.
3. 색상지로 눈 모양을 길게 잘라 붙이고 인형 눈을 붙인다.
4. 코는 백업을 잘라 붙이거나 색상지를 코 모양으로 오려서 붙인다.
5. 색상지로 장승의 특징을 살려 머리, 몸체 등을 꾸민다.
6. 완성된 장승은 문의 입구나 교실 구석에 세워 전시한다.

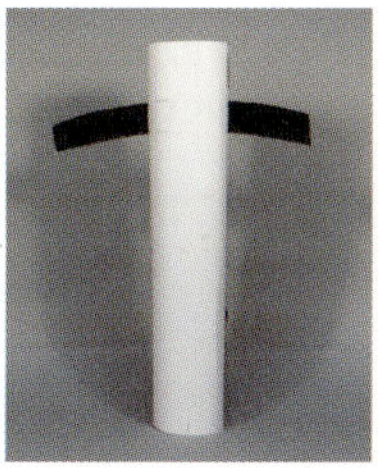

활동 유의점

모둠 활동 시 모두가 참여할 수 있도록 얼굴을 꾸미는 팀, 몸체를 꾸미는 팀 등 몇 명씩 나누어 활동하게 한다.

10월 미술 활동

시트지 그림
단풍나무
나뭇가지를 이용한 표현
무궁화꽃
한글 구성하기
쿠킹포일로 꾸미기
자연 염색
모빌 만들기(키친타월 염색)
손수건 염색놀이
우주 상상하여 그리기
우주인 만들기
외계인 만들기
우주 여행
상자 로봇 만들기
튀어나오는 카드 만들기
우주선 만들기
나뭇가지 구성놀이(공동 작품)

시트지 그림

활동목표 다양한 재료를 경험시키고 원하는 모양을 오려 내어 구성하고 연상하여 그려 볼 수 있다.

준비물 홀로그램 시트지, 여러 가지 색의 시트지, 가위, 크레파스, 색상지, 인형눈, 수채화 물감, 면봉

활동방법

1. 파란색 색상지의 한쪽 면을 물결 모양으로 잘라 낸다.
2. 홀로그램 시트지와 색시트지를 물고기 모양으로 오려 낸다.
3. 1의 배경지에 물고기 모양으로 오린 시트지를 붙이고 인형눈을 붙여 눈을 표현한다.
4. 물방울은 물감으로 찍고 바위, 수초 등을 크레파스로 그려 넣는다.

활동 유의점

홀로그램 시트지는 보는 방향에 따라 여러 가지 색이 나타나는데 요즘에는 홀로그램 색종이도 나와 있으므로 자유롭게 활용해 본다.

단풍나무

활동목표 단풍나무의 색을 크레파스에서 찾아보고 스크래치 기법을 이용하여 단풍나무를 표현해 볼 수 있다.

준비물 화지, 크레파스, 핑킹가위, 못, 골판지, 풀

활동방법

1. 단풍잎의 색과 비슷한 색을 크레파스에서 찾아본다.
2. 연한 색을 먼저 칠하고 그 위에 진한 색을 덧칠한 후 핑킹가위로 단풍잎 모양으로 자른다.
3. 못으로 잎맥을 그려 준다.
4. 골판지에 나무 모양을 그려서 오린 후 화지에 붙인다.
5. 잘라 낸 나뭇잎을 나무에 붙여 주고 크레파스로 재미있게 주변 풍경을 그려 준다.

나뭇가지를 이용한 표현

활동목표 자연물이나 여러 가지 재료를 이용하여 가을 나무를 표현해 볼 수 있다.

준비물 나뭇가지, 찰흙, 색종이, 본드, 가위, 색볼

활동방법

1. 적당한 크기의 나뭇가지를 준비한다.
2. 계절에 따라 나무는 어떤 색으로 변하는지 이야기해 본다.
3. 가을 나무의 나뭇잎 색을 색종이에서 찾아본다.
4. 단풍나무를 표현하려면 빨강, 주황, 노랑 등의 색종이를 나뭇잎 모양으로 오린다.
5. 찰흙을 뭉쳐 그 위에 나뭇가지를 꽂아 고정한다. 접착 본드로 나뭇가지마다 잎사귀를 붙이고 색볼을 붙여 과일을 표현한다.
6. 모루, 색볼 등으로 잠자리나 새집 등을 만들어 꾸며 준다.

무궁화꽃

활동목표 무궁화꽃에 대해 알아보고 꽃의 색과 모양을 잘 관찰하여 표현해 볼 수 있다.

준비물 한지, 그림물감, 꽃술

활동방법

1. 한지를 삼각 접기 하고 다시 삼등분하여 접는다.
2. 꽃잎 모양으로 둥글게 자른 후에 그림물감으로 전체나 부분적으로 물을 들인다.
3. 펼쳐서 말린 후 꽃잎 한 장에 가위집을 내어 서로 겹쳐 붙여 입체감이 나게 한다.
4. 꽃의 가운데 부분에 작은 구멍을 뚫고 꽃술을 끼워 넣는다.
5. 유아들의 작품을 모아서 환경 구성에 활용하거나 꽃을 화지 위에 붙이고 연상하여 크레파스로 그려 본다.

한글 구성하기

활동목표 한글에 대해 관심을 가지고 한글의 글자 모양을 이용하여 재미있게 구성해 볼 수 있다.

준비물 잡지, 신문이나 광고지, 풀, 화지, 크레파스

활동방법

1. 잡지나 신문, 광고지 등에서 글자를 오려 낸다.
2. 오려 낸 글자의 모양을 생각하여 재미있게 구성해 본다.
3. 화지에 잘라 낸 글자를 구성하여 풀로 붙이고 나머지 부분을 연상하여 크레파스로 그려 넣는다.
4. 재미있게 표현된 것을 찾아 서로의 작품을 감상해 본다.

쿠킹포일로 꾸미기

활동목표 쿠킹포일로 테두리를 만들어 붙여서 재미있고 새로운 표현 방법을 경험해 볼 수 있다.

준비물 쿠킹포일, 크레파스, 그림물감, 본드, 색상지

활동방법

1. 색상지에 크레파스로 무엇을 그릴 것인지 생각하고 대담하게 그려 본다.
2. 쿠킹포일을 구겨서 길게 띠를 만든다.
3. 그려진 부분 중에서 중심이 되는 부분에 본드를 칠하고 쿠킹포일 띠를 붙인다.
4. 그림물감으로 쿠킹포일 안을 채색하고 나머지는 크레파스로 그려 준다.

활동 유의점

크레파스로 채색하고 마지막에 강조하고 싶은 부분에 쿠킹포일 띠를 붙일 수도 있다.

자연 염색

활동목표 우리가 입고 있는 옷의 다양한 색깔이 염색을 통해 이루어졌다는 것을 알고 천연 색소 염색 방법을 경험한다.

준비물 치자, 색목, 홍화, 그릇, 물, 소금, 면직류, 체, 전통 염색 과정 자료들

활동방법 (치자의 예)

1. 치자를 관찰한 후 미지근한 물에 넣고 불려서 손으로 비벼 으깬다.
2. 10~20분 정도 우려낸 후 체에 밭쳐서 열매를 건져 낸다.
3. 깨끗한 물에 고루 적셔 짠 면직물을 치자 물에 담근다(소금을 조금 넣는다).
4. 담가 둔 지 20분 정도가 되면 꺼내서 찬물에 헹군다(치자 물에 오래 담가 둘수록 진한 색이 된다).
5. 비틀어 짜지 말고 손으로 꾹 눌러 짠 후 평평한 곳에 펴서 말린다.
6. 염색된 천에 그림을 그린 후 연결하여 커튼을 만들어 교실을 장식해도 좋다.

응용 활동

- 공동 작업을 할 때는 커다란 통에 면직류를 넣거나 티셔츠를 넣어 염색하여도 좋고 우러난 물은 물감으로 사용하면 된다.
- 홍화, 색목의 염색 방법은 조금 다르지만, 치자와 같은 방법으로 하여도 무방하다.

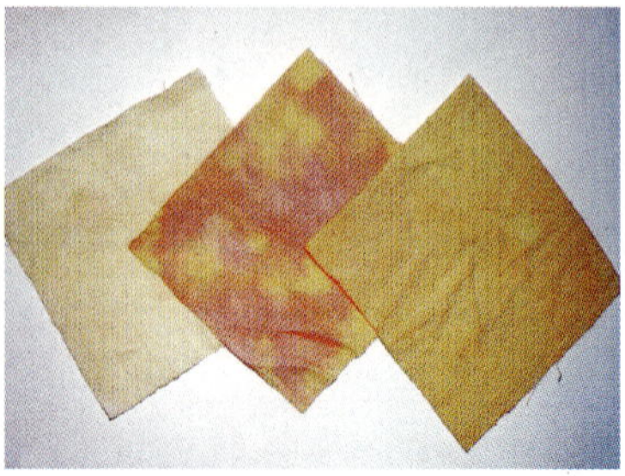

모빌 만들기(키친타월 염색)

활동목표 유아들이 다루기 쉽고 흥미 있는 재료와 재미있는 방법으로 교실을 예쁘게 꾸밀 수 있다.

준비물 키친타월, 그림물감, 색상지, 가위, 낚싯줄

활동방법

1. 그릇에 3~4가지 색의 물감물을 만들어 놓는다.
2. 키친타월을 반으로 접고 다시 여러 가지 모양으로 접은 후에 물감물로 색색의 물을 들인다.
3. 찢어지지 않도록 교사가 펴 주고 물이 많을 때는 휴지로 찍어 내고 완전히 말린다(휴지로 물기를 제거하고 드라이기나 다리미로 금방 말릴 수 있다).
4. 색상지 위에 물들인 키친타월을 직사각형 모양으로 오려 붙인다.
5. 직사각형 키친타월을 길게 반으로 접어 1~1.5cm 간격으로 가위집을 내고 다시 펼쳐서 양쪽 끝을 풀로 붙여 원기둥 모양으로 만든다.
6. 낚싯줄로 유아의 작품을 모아서 끼운 다음 교실 천장 면에 모빌로 장식해 본다.

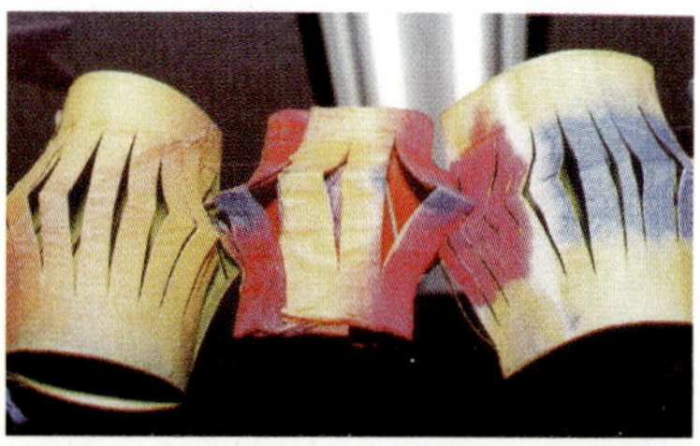

손수건 염색놀이

활동목표 여러 가지 염색 방법을 알아보고 손수건을 예쁘게 염색해 볼 수 있다.

준비물 양초, 염색 물감이나 아크릴 물감, 고무줄, 면 손수건, 신문지, 다리미

활동방법

1. 무늬가 없는 면 손수건을 준비한다.
2. 손수건에 촛농을 떨어뜨리고 여러 번 접는다.
3. 2~3가지 색의 염색 물감이나 아크릴 물감을 준비하여 접은 손수건의 가장자리를 돌려가며 물들이고 남은 물감은 손으로 살짝 짜서 편다.
4. 신문지 사이에 놓고 다리미로 다려서 초를 녹여 낸다.
5. 손수건을 고무줄로 여러 번 묶고 염색물에 물을 들인 다음 고무줄을 풀면 여러 가지 무늬가 생긴다.

활동 유의점

- 촛농을 완전히 빼기 위해서는 신문지를 여러 번 갈아가며 다려 준다.
- 염색물이 계속 빠지지 않기 위해서는 찜통에 찌는 등 열처리를 해야 한다.

우주 상상하여 그리기

활동목표 우주 공간에는 무엇이 있는지 자료를 찾아보고 과학적 상상력을 더해 창의적으로 표현해 볼 수 있다.

준비물 박스, 크레파스

활동방법

1. 우주 관련 자료도 전시하고 '우주에는 누가 살고 있을까?', '무엇을 타고 다닐까?' 등 유아들의 호기심을 자아낼 수 있는 질문을 통해 관심을 끌게 한다.
2. 박스의 넓은 면을 잘라 내어 화지를 만든다.
3. 박스에 우주인, 우주선, 외계인, 행성 등 상상한 것을 대담하게 그린다.
4. 중심 주제만 남기고 나머지 배경 부분의 종이를 뜯어 박스의 골이 나오게 한다.
5. 크레파스로 중심 주제를 채색하고 배경은 크레파스를 눕혀 색칠한다.

활동 유의점

너무 복잡한 그림은 배경을 뜯어내기 어려울 수 있으므로 간단한 형태로 그리고 유아가 어려움을 느낄 때 교사는 도움을 주도록 한다.

우주인 만들기

활동목표 우주 세계에 대해 알아보고 우주인을 상상하여 재미있게 표현해 볼 수 있다.

준비물 주름관이나 연통 조각, 빵끈, 필름통, 빨대, 요구르트병, 폐전자제품, 은색 래커 스프레이

활동방법

1. '우주인은 어떻게 생겼을까?' 영화나 만화에서 본 것을 서로 이야기해 본다.
2. 주름관이나 연통 조각 등 큰 것은 몸체를 표현하고 빵끈은 감아서 우주인의 팔을 만들어 몸체에 붙인다.
3. 여러 가지 폐전자제품이나 폐품을 활용하여 재미있게 꾸며 준 후 은색 래커 스프레이를 뿌려서 잘 말린다.
4. 인형눈을 붙여 주고 완성된 우주인을 모아서 우주인 마을을 꾸며 본다.

외계인 만들기

활동목표 상상력을 마음껏 표출하여 외계인을 독창적으로 만들어 볼 수 있다.

준비물 음료수 용기, 쿠킹포일, 병뚜껑, 인형눈, 빨대, 빵끈, 색볼

활동방법

1. '외계인은 어떻게 생겼을까?' 에 대해 생각해 보고 어떤 모양으로 만들 것인지 상상하여 이야기 나누어 본다.
2. 음료수 용기를 쿠킹포일로 싸거나 구겨서 외계인의 몸체를 표현한다.
3. 여러 가지 재료의 모양과 특성을 살려 재미있게 꾸며 본다.
4. 누구의 외계인이 가장 재미있게 만들어졌는지 감상해 보고 유아들의 작품을 모아서 우주 나라를 꾸며 본다.

활동 유의점

폐품은 제한이 없으며 날카로운 것은 없는지 안전에 주의하여 준비하도록 한다.

우주 여행

활동목표 색종이로 우주선을 접어 붙이고 크레파스 가루를 녹여서 우주의 느낌을 표현할 수 있다.

준비물 크레파스, 칼이나 가위, 신문지, 다리미, 검은색 물감, 색종이

활동방법

1. 색종이로 우주 비행선을 접어 붙이고 크레파스로 비행선 날개와 사람을 그려 준다.
2. 남은 바탕에 밝은색 크레파스를 칼이나 가위로 긁어서 가루를 내어 뿌린다.
3. 화지 위에 신문지를 덮고 다리미로 다려서 크레파스를 녹여 화지에 흡착시킨다.
4. 검은색 물감으로 채색하면 환상적인 우주 하늘이 표현된다.

활동 유의점

- 크레파스는 미리 가루를 내어 만들어 놓고 유아가 원하는 색을 뿌려 보게 한다.
- 바탕을 어두운색 물감으로 채색하므로 크레파스 가루는 밝은색 중심으로 한다.
- 크레파스 가루는 신문지를 덮어 교사가 다리미로 다려 준다.

상자 로봇 만들기

활동목표 유아의 상상력을 마음껏 표출하여 여러 가지 크기의 상자를 서로 붙여서 로봇을 만들어 볼 수 있다.

준비물 여러 가지 모양과 크기의 상자, 색상지, 빨대, 색볼, 빵끈, 단추 등 꾸밀 재료

활동방법

1. 여러 가지 모양과 크기의 상자를 준비하여 모양을 살펴보고 상자끼리 서로 붙여 보며 무엇을 표현해 볼 것인지 생각해 본다.
2. 큰 상자로 로봇의 몸체와 얼굴을 표현하고 작거나 긴 상자는 팔과 다리를 표현한다.
3. 상자를 서로 붙여서 로봇의 기본 몸체를 만들고 빨대는 안테나를 표현하고 병뚜껑과 인형눈을 붙여서 눈을 만들어 준다.
4. 여러 가지 폐품 재료의 모양과 특성을 잘 살려 꾸며 준다.

튀어나오는 카드 만들기

활동목표 간단하고 재미있는 방법을 통해 우주선이 날아가는 카드를 만들어 볼 수 있다.

준비물 색상지, 색종이, 별 스티커

활동방법

1. 색상지를 반으로 접어서 카드를 만든다.
2. 다른 색 색상지(검은색)를 길게 잘라 계단 접기 하여 카드 안쪽에 붙인다.
3. 카드 안쪽 종이를 다시 길게 펼쳐 놓고 색종이로 우주선 모양을 오려 붙이고 바탕은 별 모양 스티커를 붙여서 꾸며 준다.
4. 카드 안쪽 종이 끝에 잡아당길 수 있는 손잡이를 색상지로 오려서 붙인다.
5. 손잡이를 잡아당기면 길게 날아가는 우주선이 나타나게 된다.

활동 유의점

같은 방법으로 로켓, 우주인, 우주선 등 재미있는 소재를 표현해 보도록 한다.

우주선 만들기

활동목표 우주 세계에 대해 관심을 가지고 유아가 상상한 것을 여러 가지 재료를 이용하여 재미있게 만들어 볼 수 있다.

준비물 소쿠리 두 개, 마닐라지, 종이컵, 주름관, 병뚜껑, 인형눈, 빨대, 볼 스티로폼, 이쑤시개, 기타 폐품, 은색 래커 스프레이

활동방법

1. 어떤 우주선을 만들 것인지 생각해 보고 종이에 그려 본다.
2. 마닐라지를 동그랗게 오리고 위아래에 소쿠리를 마주 보게 붙인다.
3. 빨대로 안테나를 표현하고 볼 스티로폼이나 주름관, 병뚜껑 등으로 꾸며 준다.
4. 신문지를 넓게 펴고 그 위에 완성된 우주선을 놓고 은색 래커 스프레이를 뿌려 말린 후 유아의 작품을 모아서 재미있게 우주 정거장을 만들어 본다.
5. 주름관, 소쿠리, 볼 스티로폼, 종이컵 등을 차례로 연결하여 붙이고 수수깡, 빨대 등으로 꾸며서 우주탑도 만들어 본다.

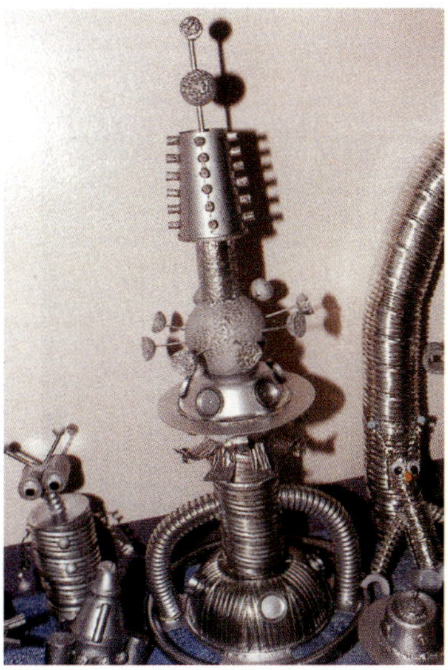

나뭇가지 구성놀이(공동 작품)

활동목표 다양한 크기와 굵기의 나뭇가지를 예쁘게 채색하고 무늬를 꾸민 후 자유롭게 구성해 보면서 색의 아름다움과 공간지각력, 협동심을 기를 수 있다.

준비물 나뭇가지, 아크릴 물감, 스티로폼, 황토 핸디코트

활동방법

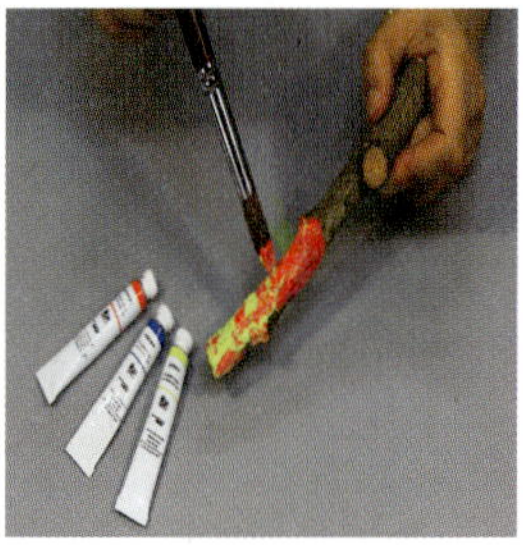

1. 다양한 크기와 굵기의 나뭇가지를 준비한다.
2. 아크릴 물감으로 나뭇가지 전체를 채색한 후 무늬를 그려 넣는다.
3. 스티로폼에 황토 핸디코트를 바른다. 이때 매끈하게 바르기보다는 질감을 살려 바른다.
4. 완성된 나뭇가지를 자유롭게 구성하여 붙인다.

활동 유의점

- 핸디코트는 페인트점이나 대형 문구점에서 구입이 가능하며 황토 핸디코트가 없을 경우 갈색 물감을 섞어서 사용하면 된다.
- 핸디코트는 접착력이 강하므로 마르기 전 나뭇가지를 눌러 붙이면 마른 후 떨어지지 않는다.

11월 미술 활동

토끼 표현하기
컬러 점토 그림
컬러 점토 + 요구르트병으로 만들기
컬러 점토 모자이크
파스텔 판화
움직이는 사람 만들기
탬버린 만들기
우유갑 판화
스티로폼 접시 판화
스티로폼 그림
박스 띠 입체 그림
마블링 콜라주
하늘을 나는 기차
면봉 그림
포크레인
단풍나무 표현하기(공동 작품)

토끼 표현하기

활동목표 늘 사용하는 용구와 재료를 벗어나 다양한 재료를 제시하여 재미있는 표현 방법을 찾아보고 생각의 폭을 넓힐 수 있다.

준비물 인형눈, 검은색 색상지, 물감, 털실, 양면테이프

활동방법

1. 검은색 색상지에 흰색 크레파스로 토끼의 얼굴과 몸체를 대담하게 그려 준다.
2. 양면테이프로 인형눈을 토끼 얼굴에 붙이고 수염은 털실로 표현한다.
3. 붓에 흰색 물감을 묻혀 점을 찍듯이 생동감 있게 털을 나타낸다.
4. 나머지 배경에는 토끼가 좋아하는 음식이나 동물 친구들을 그려 본다.

활동 유의점

진한 농도의 흰색 물감물을 만들어 주고 붓 사용이 어려운 유아는 면봉을 사용한다.

컬러 점토 그림

활동목표 컬러 점토를 이용하여 유아가 생각한 것을 창의적으로 표현해 볼 수 있다.

준비물 동그란 우드락, 컬러 점토

활동방법

1. 우드락을 동그랗게 잘라 놓는다.
2. 컬러 점토를 조금 떼어 손으로 계속 주물러 부드럽게 만든다.
3. 무엇을 표현할 것인지 주제를 생각하여 자유롭게 만들어 본다.
4. 완성된 작품은 우드락 위에 눕혀서 붙이고 배경을 점토로 꾸며 준다.
5. 유아의 작품을 모아서 전시하고 감상해 본다.

컬러 점토 + 요구르트병으로 만들기

활동목표 요구르트병을 점토로 꾸며서 다양한 사물을 표현해 볼 수 있다.

준비물 요구르트병, 컬러 점토, 인형눈

활동방법

1. 요구르트병을 그대로 사용하거나 반으로 잘라 사용할 수도 있다.
2. 무엇을 표현할 것인지 생각하여 주제를 정해 본다.
3. 점토를 적당량 떼어 손으로 주무른 후 요구르트병에 붙여서 몸체를 만들어 준다.
4. 다른 색의 점토로 선이나 점 등을 붙여서 간단히 꾸며 준다.
5. 인형눈을 붙여 주고 하루 정도 완전히 건조한다.

컬러 점토 모자이크

활동목표 컬러 점토를 이용하여 점으로 면을 구성해 봄으로써 소근육의 발달과 색의 조화를 경험할 수 있다.

준비물 우드락, 유성 매직, 컬러 점토

활동방법

1. 우드락(32절)에 유성 매직을 이용하여 간단히 밑그림을 그려 본다.
2. 어떤 색을 붙일 것인지 미리 생각해 본다.
3. 컬러 점토를 작은 동그라미 모양으로 만들어서 원하는 부분에 꼼꼼히 붙여 준다.
4. 색의 조화를 감상해 보고 크레파스로 그린 그림과 다른 느낌을 이야기해 본다.

파스텔 판화

활동목표 새롭고 다양한 찍기 방법을 경험해 봄으로써 판화 활동에 흥미를 가진다.

준비물 파스텔, 포스터 물감, 색상지, 화지, 넓은 납작붓

활동방법

1. 동물처럼 선택이 가능한 주제를 제시해도 되고 자유롭게 원하는 주제를 그려도 좋다.
2. 주제를 정하고 색상지에 어두운색의 파스텔로 밑그림을 그리고 진하게 채색한다. 가루는 털어 내지 않아도 된다.
3. 흰색 포스터 물감을 덜어서 물을 약간 섞은 후 화지에 빠르게 전체적으로 칠한다.
4. 물감을 칠한 종이가 젖어 있을 때 파스텔로 그린 그림을 마주 보게 놓고 문지른다.
5. 종이를 서로 조심스럽게 떼어서 잘 말리고 그림이 어떻게 되었는지 관찰한다.

활동 유의점

- 너무 오래 문지르면 두 종이가 달라붙어 잘 떨어지지 않으므로 주의한다.
- 흰색 포스터 물감을 사용하므로 밑그림에 흰색 파스텔은 사용하지 않도록 한다.

움직이는 사람 만들기

활동목표 자신을 실제 크기로 만들어 꾸며 보고 움직이는 모습을 표현해 볼 수 있다.

준비물 두꺼운 화지, 전지, 할핀, 크레파스, 포장지, 단추, 모루, 털실, 기본끈, 색볼, 마카로니, 여러 가지 폐품 등

1. 2인 1조가 되어 두꺼운 화지를 바닥에 깔고 한 사람은 두꺼운 화지 위에 눕고 한 사람은 몸의 모양을 따라 크레파스로 그린다.
2. 얼굴, 몸, 팔, 다리 등을 각각 자르고 손과 발은 실제 화지 위에 대고 그려 오려 낸다.
3. 할핀으로 얼굴과 몸을 꽂고 팔, 다리 등 나머지 부분도 모두 할핀으로 연결한다.
4. 크레파스로 얼굴을 채색하고 털실로 머리를 표현한다.
5. 옷은 포장지나 색종이로 붙여 주고 여러 가지 폐품으로 꾸며 준다.
6. 팔과 다리를 움직여 자세를 만들어 본다.

활동 유의점

- 얼굴과 팔다리를 크레파스로 모두 채색하기 어려울 수 있으므로 미리 색지를 두꺼운 화지 위에 붙여 놓으면 쉽게 활동할 수 있다.
- 공주나 특정 캐릭터를 꾸미는 유아도 있는데, 독창성을 격려해 주도록 한다.

탬버린 만들기

활동목표 폐품을 이용하여 악기를 만들어 놀이에 활용해 볼 수 있다.

준비물 종이 접시 두 개, 색종이, 방울, 펀치, 실, 스티로폼 본드

활동방법

1. 종이 접시 두 개를 마주 보게 본드로 붙인다.
2. 가장자리를 돌려가며 펀치로 구멍을 뚫는다.
3. 실에 방울을 끼워 종이 접시 구멍에 넣고 묶어 준다.
4. 색종이를 이용하여 종이 접시의 양쪽 면을 예쁘게 꾸며 본다.
5. 방울 탬버린을 흔들어 보고 악기 놀이에 활용한다.

우유갑 판화

활동목표 우유갑을 잘라 붙여 층을 내어 찍어 보는 등 판화 활동에 활용해 볼 수 있다.

준비물 우유갑, 본드, 롤러, 그림물감

활동방법

1. 1,000ml 우유갑을 깨끗이 씻어서 말려 둔다.
2. 중심 주제의 가장 큰 부분(얼굴, 고기 몸체)을 먼저 오려 낸다.
3. 남은 우유갑을 오려서 눈이나 꼬리, 얼굴의 머리·눈·코·입 등을 본드로 붙여 준다.
4. 롤러에 그림물감을 묻혀 완성된 판 위에 문지르거나 붓으로 그림물감을 칠해 준다(물은 섞지 말고 그림물감 그대로 사용한다).
5. 물감이 마르기 전에 복사지나 화선지 등을 덮어서 손으로 눌러 찍어 낸다.

활동 유의점

- 층을 여러 겹 낼수록 더 잘 찍힌다.
- 우유갑의 접힌 부분보다는 평평한 부분을 오려 내어 사용한다.

스티로폼 접시 판화

활동목표 유아가 다루기 쉬운 스티로폼을 이용하여 찍어 보고 찍히는 신기함에 판화에 대한 흥미를 느낄 수 있다.

준비물 일회용 스티로폼 접시, 볼펜, 롤러, 물감, 복사지

활동방법

1. 스티로폼 접시를 밑면만 남기고 옆면을 가위로 자르거나 손으로 뜯어 낸다.
2. 볼펜으로 힘을 주어 눌러 자국이 나타나도록 그림을 그린다.
3. 롤러에 그림물감을 묻혀 접시에 칠해 준다.
4. 복사지를 판 위에 올려놓고 손바닥으로 눌러 찍는다.
5. 롤러와 접시를 물에 씻어서 다른 색으로도 반복하여 찍어 본다.

스티로폼 그림

활동목표 스티로폼의 질감을 살려 그려 보고 다양한 표현 방법을 경험해 볼 수 있다.

준비물 스티로폼, 검은색 유성 매직, 아크릴 물감

활동방법

1. 스티로폼에 그리고자 하는 것을 검은색 유성 매직으로 그린다.
2. 두 번 정도 강하게 반복하여 그리면 매직으로 그린 부분이 살짝 녹아 들어간다.
3. 아크릴 물감으로 스티로폼의 질감을 살려 채색해 본다.

응용 활동

스티로폼을 여러 가지 모양으로 자르거나 자연스럽게 손으로 뜯어 모양을 내어 변화를 줄 수 있다.

박스 띠 입체 그림

활동목표 박스 자른 띠를 감거나 말아 붙여서 입체적으로 표현할 수 있다.

준비물 박스, 칼, 자, 본드

활동방법

1. 박스를 1cm 두께로 잘라 놓는다.
2. 무엇을 표현할 것인지 생각해 보고 화지에 밑그림을 그려 놓는다.
3. 밑그림을 따라 양면테이프를 붙이거나 본드를 칠하고 잘라 놓은 박스 띠를 세로로 세워서 골이 보이게 붙인다.
4. 필요에 따라 박스 띠를 감거나 동그랗게 말아서 여러 가지 모양을 만들어 붙인다.
5. 필요한 길이만큼 잘라서 사용하고 상자 종잇조각을 덧붙여서 입체감 있게 표현해 본다.

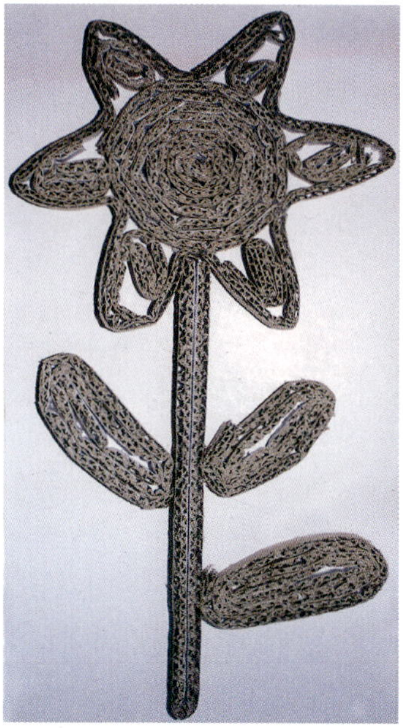

마블링 콜라주

활동목표 마블링 프린팅을 이용하여 다양한 무늬를 찍어 보고 콜라주 방법으로 나타내 볼 수 있다.

준비물 마블링 물감, 그림 종이, 풀, 가위, 인형눈, 꽃술

활동방법

1. 입구가 넓은 대야에 물을 반쯤 넣고 2~3색의 마블링 물감을 몇 방울 떨어뜨린다.
2. 마블링 물감을 입으로 불거나 나무젓가락으로 휘저어 자연스러운 무늬를 만든 후 종이를 덮어 무늬를 흡착시킨다.
3. 물을 갈아 여러 색의 마블링 물감을 찍어 내서 잘 말린다.
4. 물감 찍은 종이를 찢거나 오려서 화지 위에 재미있게 구성해 보고 나머지는 크레파스로 그려 주거나 여러 가지 재료를 이용하여 꾸며 준다.

하늘을 나는 기차

활동목표 상상한 내용을 창의적으로 표현해 보고 스케치북이 아닌 색상지에 그려 보는 경험을 통해 표현의 폭을 넓힐 수 있다.

준비물 파란색 색상지, 흰색 물감, 크레파스

활동방법

1. 하늘을 날 수 있는 기차가 있다면 어떤 모양일지 생각해 보고, 기차를 타고 어디로 가고 싶은지 서로 이야기해 본다.
2. 파란색 색상지에 흰색 물감으로 기차를 대담하게 그린다.
3. 하늘 위에서 보면 집이나 나무, 사람 등이 어떻게 보일지 생각하여 자유롭게 그려 본다.

활동 유의점

흰색 그림물감은 미리 진하게 만들어 유아에게 주고 밑그림은 가는 붓을 이용하여 그려 보도록 한다.

면봉 그림

활동목표 새로운 표현 방법을 탐색해 보고 창의력을 키우는 미술 활동이 되도록 한다.

준비물 면봉, 크레파스, 모양종이, 그림물감

활동방법

1. 화지를 네모, 세모, 동그라미 등으로 잘라서 모양종이를 만들어 놓는다.
2. 원하는 모양종이를 고르고 무엇을 그릴 것인지 생각해 본다.
3. 유아가 제일 좋아하는 색의 크레파스를 고르게 하여 밑그림을 그려 보도록 한다.
4. 넓은 면은 면봉에 묻혀 칠하고 부분적으로 장식할 부분은 면봉으로 점을 찍어 표현해 본다.

활동 유의점

면봉마다 색을 달리하여 따로 사용하고 면봉은 넉넉히 준비한다.

포크레인

활동목표 사물을 자세히 관찰하는 습관과 태도를 기르고 유아 나름대로 특징을 살려 그려 보도록 한다.

준비물 크레파스, 화지

활동방법

1. 포크레인은 어떠한 일을 하는 기계인지 알아보고 참고 자료를 준비하여 특징을 이야기해 본다.
2. 화면 중심에 포크레인의 특징을 살려서 대담하게 그려 보고, 주변에는 일하는 사람과 흙더미, 돌무더미 등을 그려 넣어 현장감을 나타내도록 한다.
3. 인물의 움직임이나 복장 등을 생각하여 세밀하게 표현하도록 한다.

단풍나무 표현하기(공동 작품)

활동목표 자연의 변화를 느끼며 간단한 판화 기법을 활용하여 단풍나무의 특징을 표현해 볼 수 있다.

준비물 전지 크기의 화지, 크레파스, 수채화 물감, 나뭇잎, 스펀지

활동방법

1. 계절에 따라 나무는 어떻게 옷을 갈아입는지 자료를 준비하여 보여 주고 이야기를 나누어 본다.
2. 커다란 단풍나무를 표현해 보면 어떨지 제시해 보고 나뭇잎 표현 방법을 탐색해 본다.
3. 화지에 나무의 몸체와 가지를 미리 크레파스로 크게 그린다.

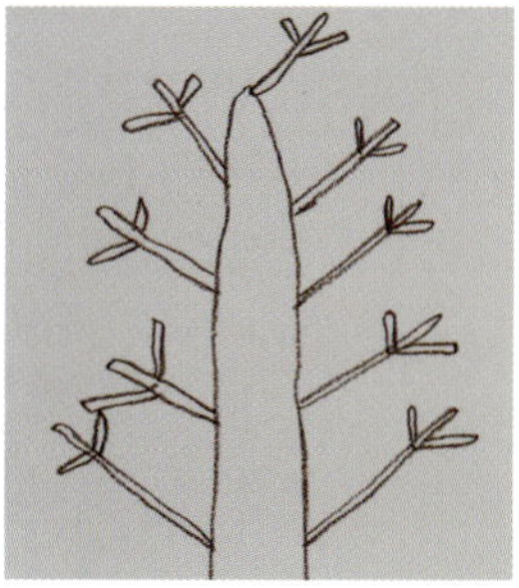

4. 나무 몸체는 신문지나 스펀지에 물감을 묻혀서 찍어 표현한다.
5. 단풍잎은 실제 나뭇잎에 물감을 묻혀서 가지 위에 찍는다.
6. 물감을 묻힌 스펀지로 찍어서 배경을 완성한다.

활동 유의점

나무의 몸체와 가지는 교사가 미리 그려서 나누어 주도록 한다.

12월 미술 활동

겨울놀이
눈사람 꾸미기
지점토 눈사람 만들기
땅속에는 무엇이 있을까?
나는 디자이너
양말 · 장갑으로 만들기
펭귄 만들기
매직콘으로 만들기
산타 마을
실버 크리스마스트리
산타 할아버지
리스 만들기
성탄 카드 만들기
달걀 인형
달걀 껍데기 액자
눈사람 마을(공동 작품)

겨울놀이

활동목표 방학 동안에 재미있었던 겨울놀이를 생각하여 그려 볼 수 있다.

준비물 화지, 크레파스, 그림물감

활동방법

1. 겨울놀이에는 어떤 것이 있는지 자신의 경험을 이야기해 본다.
2. 가장 재미있었던 장면을 생각하여 화지에 대담하게 그려 본다.
3. 크레파스와 그림물감을 이용하여 채색한다.
4. 어떤 장면을 그린 것인지 서로의 그림을 감상해 본다.

눈사람 꾸미기

활동목표 솜으로 눈사람의 느낌을 표현할 수 있다.

준비물 검은색 색상지, 솜, 본드, 크레파스, 색종이, 인형눈

활동방법

1. 먼저 솜을 만져 보고 무슨 느낌이 드는지 서로 이야기해 본다.
2. 검은색 색상지에 눈사람을 크게 그려 준다.
3. 눈사람 몸체에 본드를 칠하고 솜을 뜯어서 붙여 준다.
4. 눈사람을 인형눈, 색종이로 꾸며 주고 크레파스로 눈송이를 그려 준다.

지점토 눈사람 만들기

활동목표 지점토와 컬러 점토를 이용하여 눈사람을 재미있게 표현해 본다.

준비물 지점토, 이쑤시개, 인형눈, 컬러 점토

활동방법

1. 지점토를 손바닥 사이에 놓고 동그랗게 굴려서 눈사람의 몸체와 얼굴을 만든다. 몸체는 얼굴보다 약간 크게 만든다.
2. 몸체와 얼굴 사이에 이쑤시개를 꽂아 서로 연결한다.
3. 컬러 점토로 모자나 목도리 등을 재미있게 꾸며 본다.
4. 인형눈을 붙여 눈을 표현하고 컬러 점토를 이용하여 코와 입 등을 만들어 붙인다.
5. 이쑤시개를 눈사람 몸체에 꽂고 장갑이나 손을 만들어 이쑤시개 끝에 끼워 붙인다.

활동 유의점

- 지점토를 봉지에서 꺼내면 처음에는 딱딱하므로 물을 조금 묻혀 충분히 부드럽게 만들어 놓는다.
- 점토와 점토의 연결 부위는 물을 묻혀 잘 연결하고 완성 후에 그늘에서 말려 준다.

땅속에는 무엇이 있을까?

활동목표 유아가 상상한 것을 재미있고 창의적으로 나타낼 수 있도록 한다.

준비물 색종이, 그림종이, 풀, 크레파스

활동방법

1. 땅속에는 어떤 곤충, 동물들이 살고 있을지 서로 이야기해 본다.
2. 색종이를 반으로 접어 가운데 부분을 뜯어내고 다시 펼친다.
3. 펼친 색종이를 화지 위에 붙여서 땅속 모양을 표현한다.
4. 땅속에 사는 곤충이나 동물 등을 상상하여 그리고, 땅 위의 모습도 재미있게 그려 본다.

나는 디자이너

활동목표 계절에 따라 달라지는 옷차림이나 필요한 물건에 대해 알아보고 부직포를 이용하여 양말을 만들고 여러 가지 무늬로 디자인해 볼 수 있다.

준비물 부직포, 가위, 크레파스

활동방법

1. 겨울에 달라지는 옷차림과 필요한 물건에 대해 서로의 경험을 이야기해 본다.
2. 부직포에 양말 모양을 그린 후 가위로 오려 낸다.
3. 다양한 무늬의 장갑이나 양말을 준비하여 보여 주고 디자인을 감상해 본다.
4. 여러 가지 선이나 점, 도형 등의 간단한 모양을 이용하여 자유롭게 무늬를 그려 넣는다.
5. 부분적으로 원하는 그림을 그려 넣는 등 유아들이 독창적으로 꾸밀 수 있도록 격려해 준다.

활동 유의점

부직포 두 장을 대고 양말 모양을 오린 후 입구만 남기고 나머지 가장자리를 붙이면 성탄절 선물 주머니로 활용해 볼 수 있다.

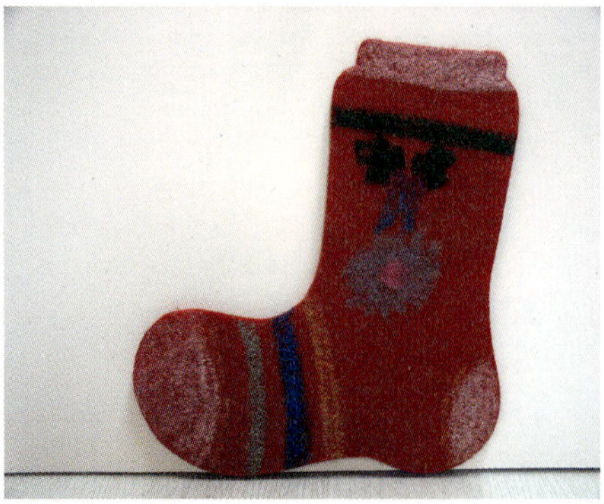

양말 · 장갑으로 만들기

활동목표 양말과 장갑의 모양을 보고 연상되는 것을 창의적으로 표현해 볼 수 있다.

준비물 못 쓰는 장갑이나 양말(다양한 색으로 준비), 부직포, 솜, 털실, 인형눈, 모루, 단추

활동방법

1. 장갑이나 양말을 보고 무엇을 만들 것인지 생각해 본다.
2. 필요 없는 부분은 장갑 안쪽으로 접어 넣는다.
3. 장갑이나 양말 속에 솜을 넣고 입구를 묶는다.
4. 접거나 말아서 원하는 모양으로 만든다.
5. 부직포, 인형눈, 털실, 단추 등으로 재미있게 꾸며 본다.

펭귄 만들기

활동목표 작업 활동을 통하여 구성 능력과 균형 감각을 키우고 재료 사용 능력을 길러 줄 수 있다.

준비물 우유갑, 색종이, 종이컵, 인형눈

활동방법

1. 우유갑을 깨끗이 씻어서 말려 둔다.
2. 우유갑 입구 부분의 한쪽을 뾰족하게 펴서 고정해 펭귄의 부리를 만든다.
3. 펭귄의 몸체는 색종이를 찢어 붙여 꾸며 주고 날개와 다리를 오려서 몸체에 붙인다.
4. 종이컵을 검은색 물감으로 채색하거나 색종이로 싼다.
5. 인형눈을 붙여 주고 날개를 오려 붙인다.
6. 완성된 펭귄을 모아 펭귄 마을을 꾸며 본다. 이때 얼음은 스티로폼을 조각내어 표현해 본다.

매직콘으로 만들기

활동목표 다양한 재료 탐색으로 표현 가능성을 높이고 유아들의 상상력과 창의력을 기를 수 있다.

준비물 매직콘, 두꺼운 종이, 물스펀지, 시계

활동방법

1. 매직콘을 만져 보고 가로, 세로로 잘라 보기도 하면서 재료의 특성을 탐색해 본다.
2. 두꺼운 종이를 네모 모양으로 잘라서 기본 액자틀 모양을 만든다.
3. 물스펀지에 매직콘을 찍어서 살짝 녹인 후 액자틀 가장자리에 길게 붙인다.
4. 매직콘을 가로로 잘라 동그랗게 만들고 사방에 매직콘 다섯 개를 붙여 꽃을 만든다.
5. 완성된 꽃을 액자에 붙여 장식한다.
6. 같은 방법으로 시계도 꾸며본다.

활동 유의점

시계는 시중에 나와 있는 재료를 활용하면 쉽게 만들 수 있다.

산타 마을

활동목표 상상의 세계를 그림으로 표현해 봄으로써 상상력 및 창의력을 기를 수 있다.

준비물 화지, 크레파스, 파스텔

활동방법

1. 산타가 사는 나라는 어떤 풍경일지 상상하여 이야기해 본다.
2. 산타는 어떤 모습일지 생각하여 재미있게 표현해 본다.
3. 중심 주제는 크레파스로 채색하고 배경은 파스텔로 채색한다.
4. 유아가 상상한 것을 나름대로 표현하도록 하며 산타의 생김새나 복장 등 특징이 잘 나타나도록 그려 본다.
5. 서로의 그림에 대하여 이야기해 보고 재미있게 표현된 것을 찾아 감상해 본다.

실버 크리스마스트리

활동목표 매년 돌아오는 즐거운 성탄절을 축하하기 위해 집에서 쉽게 구할 수 있는 재료를 이용하여 나만의 크리스마스트리를 꾸며 본다.

준비물 쿠킹포일, 두꺼운 화지, 고체풀, 가위, 스팽글, 구슬, 본드, 양면테이프

활동방법

1. 두꺼운 화지를 원뿔 모양으로 만든다(전체 높이: 개인 작품은 약 30~50cm, 공동 작품일 경우는 1m 정도).
2. 쿠킹포일을 2m 넓이로 자른다.
3. 자른 쿠킹포일 끝 부분에 가위집을 낸다.
4. 원뿔 아랫부분에 양면테이프를 붙이고 가위집을 낸 쿠킹포일을 밑부분부터 올라가며 붙인다.
5. 완성된 트리에 스팽글이나 구슬을 붙여 예쁘게 장식한다.

산타 할아버지

활동목표 산타 할아버지의 모습을 상상하여 창의적으로 만들어 볼 수 있다.

준비물 빨간색 색상지, 색종이, 인형눈, 솜, 스팽글, 색볼

활동방법

1. 빨간색 색상지를 삼각형 모양으로 만들고 끝에는 색볼을 붙여 준다.
2. 인형눈을 붙이고 솜으로 모자와 수염을 표현해 준다.
3. 스팽글, 색종이, 색볼로 재미있게 꾸며 준다.
4. 빨간색 털실을 묶어서 산타 모빌로 활용하거나 크리스마스트리에 장식해 본다.

리스 만들기

활동목표 스티로폼과 쿠킹포일 등 다양한 재료로 리스를 만들어 보고 성탄 장식물로 활용해 볼 수 있다.

준비물 도넛 모양 스티로폼이나 우드락, 쿠킹포일, 색상지, 리본끈, 색볼, 모루

활동방법

1. 리스는 어떤 장식품인지 알아보고 모양과 장식의 특징을 찾아본다.
2. 도넛 모양 스티로폼을 쿠킹포일로 감싼다.
3. 빨간색, 초록색 리본끈을 사선으로 감아 장식한다.
4. 색상지를 꽃 모양으로 오려서 포인세티아 꽃을 크게 만들어 리스 위에 붙인다.
5. 모루를 지팡이 모양으로 구부려 장식품을 만들고 리스 위에 색볼, 리본, 지팡이 등을 구성하여 화려하게 꾸며 준다.
6. 완성된 리스는 문이나 창문 등에 걸어서 장식한다.

활동 유의점

리스 안에 산타 얼굴이나 종 등을 만들어 모빌처럼 매달아도 좋다.

성탄 카드 만들기

활동목표 성탄절의 의미를 알아보고 성탄 카드를 만들어 봄으로써 감사와 축하의 마음을 나누어 볼 수 있다.

준비물 색상지, 색종이, 크레파스, 흰색 색볼

활동방법

1. 색상지를 반으로 접고 한쪽 면에 나무 모양을 그려서 오려 낸다.
2. 나머지 한쪽 면에 색종이를 이용하여 눈사람, 나무, 양말, 장갑 등 유아가 꾸미고 싶은 것을 오려 붙인다.
3. 이때 나무 모양으로 오려 낸 부분보다 더 크게 오려 붙이도록 한다.
4. 색상지를 반으로 접어 가운데를 1cm 정도 가위집을 내어 안으로 접는다.
5. 색상지로 눈사람을 만들어 안으로 접어 넣은 부분에 붙이면 카드를 펼칠 때 눈사람이 입체적으로 나타나게 된다.

달걀 인형

활동목표 달걀을 여러 가지 모양으로 꾸며서 조형 활동에 재미있게 활용할 수 있다.

준비물 달걀, 인형눈, 색종이, 음료수 용기, 단추, 장식 리본

활동방법

1. 달걀의 위, 아랫부분에 작은 구멍을 낸 후 내용물을 빼고 깨끗이 씻어서 말린다.
2. 달걀은 유아가 다루다가 깨질 수 있으므로 넉넉히 준비한다.
3. 달걀에 인형눈을 붙이고 색종이에 가위집을 내어 머리카락을 만들어 붙인다.
4. 음료수 용기에 색종이로 옷을 꾸며 붙여서 몸체를 만들고 달걀 얼굴을 붙여 준다.

달걀 껍데기 액자

활동목표 유아가 좋아하는 달걀을 먹고 남은 껍데기의 질감을 살려 액자를 꾸밀 수 있다.

준비물 달걀 껍데기, 우드락판(사진틀), 래커 스프레이

활동방법

1. 우드락을 여러 가지 액자 모양으로 잘라 놓는다.
2. 달걀을 반으로 잘라 내용물을 빼고 물에 씻으면서 안의 흰 껍질을 벗겨내어 말린다.
3. 액자틀에 흰색 공예용 본드를 바르고 달걀 껍데기를 붙인다.
4. 달걀 껍데기 붙인 것이 마른 후에 래커 스프레이를 뿌려 준다. 이때 조금씩 뿌려서 우드락이 녹지 않도록 주의한다.

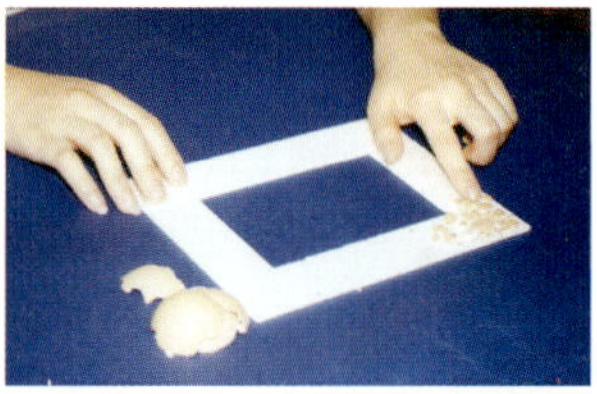

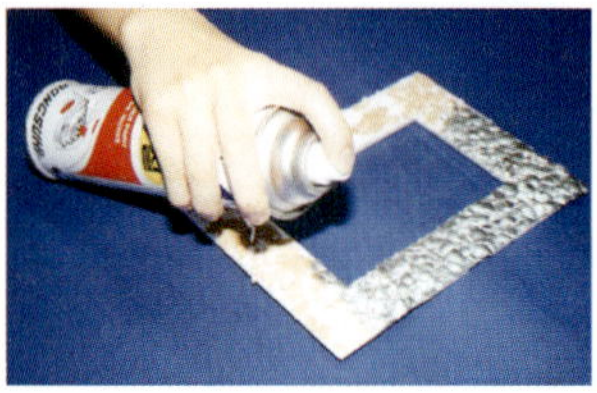

활동 유의점

래커는 통풍이 잘되는 곳에서 뿌린다.

눈사람 마을(공동 작품)

활동목표 눈사람의 모양과 특징을 살려 만들어 보고 눈사람이 사는 마을을 상상하여 꾸며 볼 수 있다.

준비물 볼 스티로폼, 작은 컵, 색종이, 나뭇가지

활동방법

1. 볼 스티로폼 두 개를 이쑤시개로 연결하여 눈사람의 몸체와 얼굴을 만든다. 이때 서로 만나는 부분을 조금씩 잘라 내면 서로 잘 붙는다.
2. 작은 컵을 붙여서 모자를 표현하고 색종이나 모루, 천 등 다양한 재료를 활용하여 눈사람의 얼굴, 목도리, 몸체를 꾸며 준다.
3. 나뭇가지를 흰색 아크릴 물감으로 채색하고 완성된 눈사람을 모아서 마을을 구성해 보고 나뭇가지, 작은 집 등을 만들어 재미있게 꾸며 본다.

활동 유의점

- 상자 안에 구성하면 공간도 표현하고 보관 및 이동에 편리하다.
- 작은 볼 스티로폼을 뿌리거나 솜을 이용하여 눈을 표현한다.

1월 미술 활동

숫자나라
눈이 옵니다
장갑 무늬 꾸미기
페트병 컵 꾸미기
불어서 나타내요
먹물 거품 그림
먹물 그림
색습자지 콜라주
소방차 그리기
목욕탕에 갔어요
요구르트병을 이용한 만들기
연 날리기
윷놀이
조각보 꾸미기
버선 · 복주머니 만들기
우리나라 지도 꾸미기(공동 작품)

숫자나라

활동목표 숫자 모양에서 연상되는 것들을 다양하게 표현해 봄으로써 창의성을 기를 수 있다.

준비물 화지, 크레파스, 사인펜, 색연필

활동방법

1. 0에서 9까지 숫자를 직접 써 보고 숫자의 형태를 살펴본다.
2. 숫자의 형태를 이용한 재미있는 그림을 시범으로 보여 주고 유아들은 어떤 생각이 드는지 이야기를 나누어 본다.
3. 숫자를 써 보고 비슷한 형태의 사물을 생각해 본다.
4. 숫자 형태와 사물이 똑같지 않고 서투른 표현이라도 유아가 상상한 것을 격려해 준다.
5. 무엇을 그린 것인지 발표해 보고 재미있게 표현된 것을 찾아 이야기해 본다.

활동 유의점

무조건 그리라고 하면 막막할 수 있으므로 연상 그림과 관련된 디자인북이나 동화책 등을 보여 주면 유아의 상상력을 끌어 내는 데 도움을 줄 수 있다.

눈이 옵니다

활동목표 유아 주변에서 일어나는 환경의 변화를 표현해 볼 수 있다.

준비물 크레파스, 양초, 그림물감

활동방법

1. 눈 오는 날의 풍경을 서로 이야기해 본다.
2. 크레파스로 눈 오는 날에 경험했던 재미있는 장면이나 풍경을 그려 본다.
3. 촛농을 떨어뜨려 눈송이를 표현하고 바탕은 그림물감으로 칠해 준다.

활동 유의점

양초는 화지에 가까이 대지 않도록 하고 유아가 촛농에 데지 않도록 주의한다.

장갑 무늬 꾸미기

활동목표 자신의 손 모양을 그려서 장갑 모양을 표현하고 내가 갖고 싶은 장갑의 무늬를 꾸며 볼 수 있다.

준비물 화지, 크레파스, 그림물감, 사인펜

활동방법

1. 화지나 색상지에 손을 대고 크레파스로 손 모양을 그린다.
2. 손 모양에 크레파스로 여러 가지 선 무늬나 도형 등을 그려서 꾸며 준다.
3. 여러 가지 색 크레파스로 무늬를 그려 주고 배수성을 살려 그림물감을 칠해 본다.
4. 장갑을 오려서 환경판에 재미있게 구성해 보고 누구의 장갑이 예쁘게 꾸며졌는지 감상해 본다.

페트병 컵 꾸미기

활동목표 페트병을 잘라서 컵을 만들어 보고 시트지를 이용하여 무늬를 꾸며 볼 수 있다.

준비물 페트병, 시트지

활동방법

1. 페트병을 깨끗이 씻어서 말려 둔다.
2. 페트병을 원하는 컵의 높이만큼 잘라 낸다. 이때, 다 자르지 말고 한쪽 면을 2~3cm 넓이의 띠로 남기고 자른다.
3. 띠를 동그랗게 말아 붙여서 손잡이를 만든다.
4. 시트지를 여러 가지 모양으로 잘라 붙여 컵을 꾸며 준다.

활동 유의점

자른 면이 날카로울 수 있으므로 셀로판테이프나 시트지를 붙여 준다.

불어서 나타내요

활동목표 먹물의 특성을 알아보고 먹물을 불어서 그 모양을 연상하여 그려 볼 수 있다.

준비물 먹물, 한지, 사인펜, 크레파스

활동방법

1. 먹물을 조금 떨어뜨리고 입으로 불어서 퍼지게 한다.
2. 가지 중간쯤에 다시 먹물을 조금 떨어뜨리고 입으로 불어서 잔가지도 만든다.
3. 퍼진 모양을 보고 생각나는 것들을 이야기해 본다.
4. 한지를 구겨 붙여 바위를 나타내고 가지 끝에 사인펜으로 꽃을 그려 준다.

먹물 거품 그림

활동목표 먹물에 주방 세제를 섞어 거품을 찍어 보고 그 찍혀진 느낌을 살려 표현해 볼 수 있다.

준비물 먹물, 주방 세제, 빨대, 종이컵, 화지, 색종이

활동방법

1. 종이컵에 먹물, 주방 세제, 물을 조금 넣고 섞는다.
2. 빨대로 불어 거품을 내고 화지를 거품 위에 대고 찍는다. 여러 번 반복하여 찍는다(숟가락으로 거품을 떠내도 된다).
3. 어떤 느낌이 드는지 이야기해 본다.
4. 화지에 종이를 별 모양으로 오려 살짝 붙여 놓고 먹물 거품을 찍고 다시 별 모양 종이를 떼어 밤하늘을 표현한다.
5. 크레파스로 별을 색칠하고 색종이로 집이나 나무 등을 오려 붙여 밤 풍경을 표현해 본다.

활동 유의점

유아가 먹물 거품을 삼킬 우려가 있으므로 주의한다.

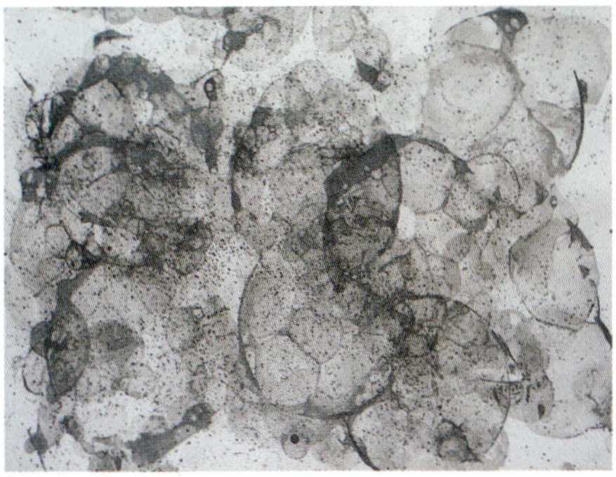

먹물 그림

활동목표 물감과 먹물의 다른 점을 알아보고 재료가 주는 특성을 살려 표현해 볼 수 있다.

준비물 노란색 화지, 먹물, 그림물감

활동방법

1. 물감과 먹물의 다른 점을 알아보고 먹은 어떻게 만들어진 것인지 이야기해 본다.
2. 노란색 화지 위에 먹물을 가는 붓에 묻혀서 대담하게 그려 본다.
3. 부분적으로 먹물에 물을 섞어 농담을 주어 채색해 본다.
4. 바탕은 갈색 그림물감으로 흐리게 채색하여 오래된 그림의 느낌을 내 본다.

색습자지 콜라주

활동목표 생활 속에서 볼 수 있는 아름다운 조형미를 찾아 감상해 보고 쿠킹포일과 색습자지를 이용하여 콜라주 기법을 경험해 볼 수 있다.

준비물 쿠킹포일, 색습자지, 공예용 본드, 반짝이 가루

활동방법

1. 공예용 본드에 물을 섞어서 걸쭉하게 만든다.
2. 색습자지를 자유롭게 찢거나 원하는 모양으로 자른다.
3. 쿠킹포일에 1의 공예용 본드를 바르고 찢은 색습자지를 붙인다.
4. 색습자지를 다 붙인 후에 다시 한 번 공예용 본드를 포일 전체에 칠해 주고 반짝이 가루를 조금 뿌려서 장식한다.
5. 쿠킹포일이 완전히 마른 후 원하는 모양으로 잘라 만들기에 활용하거나 화지 위에 붙여서 연상 그림을 그려도 재미있다.

소방차 그리기

활동목표 소방차는 어떤 차인지 알아보고 특징을 살려 그려 볼 수 있다.

준비물 크레파스, 화지

활동방법

1. 소방차는 무엇을 하는 차인지 알아보고 소방차의 특징을 이야기해 본다.
2. 소방차의 특징을 살려 대담하게 화지에 그려 본다.
3. 소방차뿐 아니라 소방관이나 소방차가 불 끄는 장면 등을 다양하게 표현해 본다.

목욕탕에 갔어요

활동목표 유아의 생활 경험을 주제로 하여 생동감 있게 표현해 볼 수 있다.

준비물 화지, 크레파스

활동방법

1. 목욕탕에 갔던 경험을 이야기해 본다.
2. 목욕탕에서 볼 수 있는 풍경을 중심으로 생동감 있게 그려 본다.
3. 사람의 옷차림이나 목욕탕의 특징을 잘 표현할 수 있도록 지도한다.

요구르트병을 이용한 만들기

활동목표 요구르트병의 모양과 비슷한 것들을 생각하여 독창적으로 만들어 볼 수 있다.

준비물 요구르트병, 아크릴 물감, 모루, 색볼, 인형눈, 색종이, 꽃술, 스팽글

활동방법

1. 요구르트병을 여러 가지 색의 아크릴 물감으로 채색해 놓는다.
2. 요구르트병의 모양과 색을 살펴보고 무엇을 표현할 것인지 생각해 본다.
3. 요구르트병에 무늬를 그려서 몸체를 꾸며 주고 색볼을 붙여서 얼굴을 표현한다.
4. 색종이, 인형눈, 꽃술 등으로 꾸며 준다.
5. 유아가 생각한 것의 특징을 살려 만들어 보도록 지도한다.

연 날리기

활동목표 유아들의 생활 경험을 주제로 하여 생동감 있게 표현해 볼 수 있다.

준비물 헝겊, 본드, 가위, 크레파스

활동방법

1. 연을 날려 본 적이 있는지 서로의 경험을 이야기해 본다.
2. 연은 헝겊을 잘라 붙이고 크레파스로 연 날리는 사람이나 겨울 풍경 등을 그려 본다.
3. 유아의 경험과 느낌이 잘 나타나도록 생동감 있게 그려 보도록 한다.

윷놀이

활동목표 우리의 전래놀이인 윷놀이에 대하여 알아보고 윷놀이판과 윷을 만들어 놀이에 활용해 본다.

준비물 화지, 색종이, 백업, 시트지

활동방법

1. 화지를 정사각형으로 자르고 색종이를 동그랗게 오려 윷판을 만든다.
2. 윷은 백업(지름 3cm, 길이 15cm)의 한 면을 약간 잘라 내어 한쪽 면을 평평하게 만든다.
3. 시트지를 잘라서 윷을 꾸며 준다.
4. 말은 작은 병뚜껑이나 기타 여러 가지 폐품을 활용한다.
5. 놀이 방법을 알아보고 윷놀이에 활용해 본다.

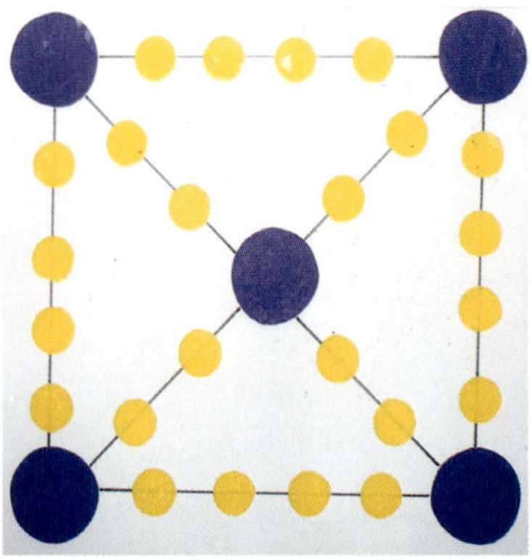

조각보 꾸미기

활동목표 전통 조각보에 대해 알아보고 색의 조화를 감상하여 나름대로 한지를 이용하여 꾸며 본다.

준비물 색한지, 참고 자료, 풀, 가위

활동방법

1. 조각보의 참고 자료를 준비하여 감상해 보고 다양한 조각보의 조형 감각과 조화로운 색감이 주는 느낌을 서로 이야기해 본다.
2. 색한지를 여러 가지 모양으로 조각을 내어 검은색 한지 안에 구성하여 붙인다.
3. 가장자리에 검은색이나 보라색 한지를 1cm 두께로 잘라 돌아가며 붙인다.
4. 조각보를 한데 모아 환경판에 전시한다.

버선 · 복주머니 만들기

활동목표 우리 나라 옛 물건에 대해 관심을 끌게 하며 버선과 복주머니의 쓰임새와 형태 등을 알아보고 다양한 재료를 이용하여 만들어 볼 수 있다.

준비물 부직포, 본드, 가위, 한지, 끈

활동방법

1. 우리나라 고유의 복주머니와 버선의 형태, 색 등을 알아본다.
2. 부직포를 버선 모양으로 두 장 오려서 가장자리를 본드로 붙이고 색볼이나 부직포로 예쁘게 꾸며 준다(또는 세탁소에서 박음질하여도 된다).
3. 한지에 복주머니 모양을 두 장 오려 가장자리를 풀로 붙이고 주머니 입구 쪽에 펀치로 구멍을 뚫고 끈을 끼워 넣어 묶는다.
4. 복주머니와 버선을 사탕 선물 주머니로 활용해 본다.

우리나라 지도 꾸미기(공동 작품)

활동목표 우리나라에 대해 자부심을 가지며 스텐실 기법을 활용하여 우리나라 지도를 표현해 볼 수 있다.

준비물 OHP 필름, 스펀지, 수채화 물감, 4절 화지, 사인펜, 색종이

활동방법

1. 세계지도를 보고 우리나라는 어디에 있는지 찾아본다.
2. 지도를 통해 우리나라는 어떤 모양인지 관찰한다.
3. 스텐실을 할 수 있도록 OHP 필름에 지도 모양을 그린 후 구멍을 낸다.
4. OHP 필름을 4절 화지 위에 올리고 물감 묻힌 스펀지를 톡톡 두드려 채색한다.
5. 색깔을 바꾸어서 여러 가지 색으로 해도 재미있다.
6. 바다 부분은 사인펜으로 물결을 그리고 바다 생물을 그리거나 색종이로 간단히 접어 붙여 꾸며 준다.

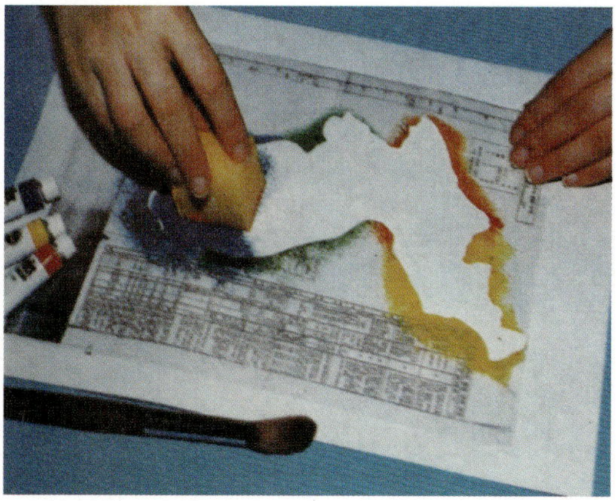

활동 유의점

너무 많은 인원이 함께하기보다는 소규모 모둠으로 나누어 개성 있게 표현하도록 지도한다.

2월 미술 활동

마대 그림
핸디코트 그림
과자 구성놀이
한지 그릇
튀어 오르는 새
천에 그리기
상상의 집 만들기
석고 스크래치
석고탑 만들기
관찰 그림
캥거루 만들기
바탕 연상 그림
구름 위 상상 나라
미래의 내 모습 그리기
선생님 사랑해요
졸업 꽃다발 만들기
우드락 구성놀이(공동 작품)

마대 그림

활동목표 종이와는 다른 다양한 매체에 표현해 보는 경험을 통해 재료 활용 능력을 높이고 표현의 폭을 넓힐 수 있다.

준비물 마대, 유성 매직

활동방법

1. 마대를 원하는 크기보다 조금 더 크게 자른 후 가장자리를 풀어 자연스럽게 만든다.
2. 마대를 만져 보고 종이와 어떻게 다른지, 무엇을 그리면 좋을지 생각해 본다.
3. 유성 매직으로 주제를 대담하게 그리고 채색한다.
4. 종이에 그렸을 때와 어떻게 다른지 이야기 나누어 보고 서로의 그림을 감상해 본다.

활동 유의점

- 마대는 철물점에서 구입이 가능하다.
- 완성된 작품은 마대가 힘이 없으므로 단단한 종이에 붙여서 전시하면 좋다.

핸디코트 그림

활동목표 핸디코트 재료의 질감과 특성을 탐색해 보고 재미있는 표현 방법을 찾아 나타내 본다.

준비물 황토 핸디코트(handy coat), 물감 나이프, 아크릴 물감, 우드락, 이쑤시개, 못

활동방법

1. 우드락에 물감 나이프를 이용하여 핸디코트를 2~3mm 두께로 고르게 발라 놓는다.
2. 판에 붙인 핸디코트가 마르기 전에 이쑤시개나 못으로 긁어 그림을 그린다.
3. 1~2일 정도 말린 후 아크릴 물감으로 채색한다.

활동 유의점

- 핸디코트를 동그랗게 붙이려면 우드락을 동그랗게 잘라 틀을 만들고, 그 안에 핸디코트를 바르고 나서 다시 우드락 틀을 떼어 낸다.
- 흰색 핸디코트에 그림물감을 섞으면 여러 가지 색의 핸디코트를 만들 수 있다.

과자 구성놀이

활동목표 유아가 좋아하는 과자를 이용하여 동그라미, 네모 등의 기본 도형의 형태를 익히고 주변 사물에서 비슷한 모양을 찾아 과자를 구성해 볼 수 있다.

준비물 동그라미·네모·막대 모양의 과자, 화지

활동방법

1. 동그라미·네모·막대 모양의 과자를 준비한다.
2. 과자의 모양을 관찰하고 어떤 모양인지, 무엇과 비슷한지 주변의 사물들과 비교하여 이야기해 본다.
3. 화지 위에 여러 가지 모양의 과자를 서로 구성하여 다양한 사물을 만들어 본다.
4. 교사는 유아가 모양을 만들면 사진을 찍어서 작품을 남기도록 한다.
5. 활동 후에 간식으로 과자를 나누어 먹는다.

활동 유의점

활동 전에 손을 깨끗이 씻고 활동하는 공간도 청결에 유의한다.

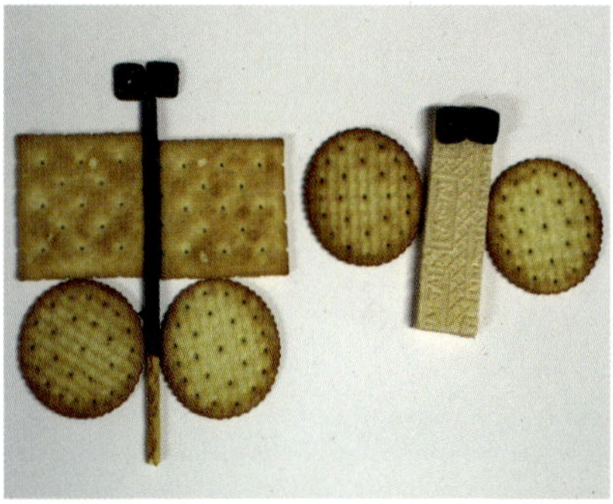

한지 그릇

활동목표 한지의 질감과 색감을 감상해 보고 한지를 이용하여 예쁜 그릇을 만들어 볼 수 있다.

준비물 색한지, 일회용 그릇이나 접시, 풀

활동방법

1. 색한지를 찢거나 오려서 일회용 그릇이나 접시에 붙인다.
2. 여러 색으로 붙일 수도 있으며 한 가지 색으로 붙이고 다시 한지를 덧붙여 무늬를 꾸밀 수 있다.
3. 물풀이나 밀가루풀을 사용하여 붙인다.
4. 그릇이 완전히 마른 후에 투명 니스를 발라 준다.

응용 활동

하드보드지를 사각 접시, 육각 접시 등 다양한 모양으로 만들고 한지를 붙여 그릇을 만들 수 있다.

튀어 오르는 새

활동목표 간단한 원리를 이용하여 움직이는 조형물을 만들어 놀이에 활용해 본다.

준비물 종이컵 두 개, 고무줄, 색종이, 인형눈

활동방법

1. 종이컵 한 개는 색종이로 부리와 날개 등을 오려 붙여 새 모양을 만든다.
2. 종이컵의 입구 부분에 양쪽으로 칼집을 내고 고무줄을 끼워 놓는다.
3. 다른 종이컵 한 개는 하드보드지 위에 본드로 붙여서 발사대를 만든다.
4. 고무줄 끼운 부분을 발사대에 끼웠다 놓으면 고무줄의 탄력으로 인해 튀어 오르게 된다.
5. 새뿐 아니라 로켓 등 다양한 모양을 만들어 놀이에 활용해 본다.

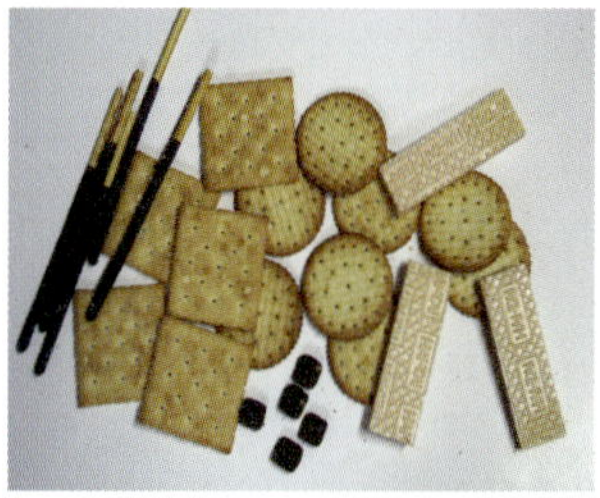

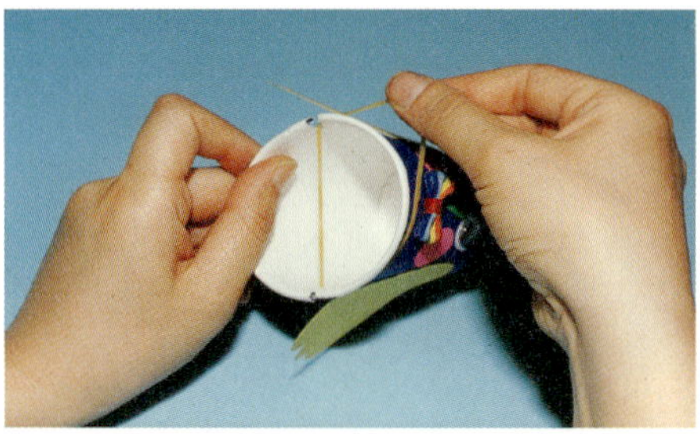

천에 그리기

활동목표 화지와 옷감의 질감을 느껴 보고 다양한 재료를 사용하여 그림을 그려 본다.

준비물 마 및 기타 여러 가지 종류의 천(무늬가 없는 것), 유성 매직, 아크릴 물감

활동방법

1. 올이 굵은 마는 가장자리를 풀어서 장식하고 유성 매직으로 그림을 그린다.
2. 기타 다른 천은 유성 매직이나 아크릴 물감을 이용하여 자유롭게 그림을 그린다.
3. 천에 따라 다르게 표현되는 서로의 작품을 감상해 본다.

활동 유의점

천은 두꺼운 종이 위에 붙여서 그리면 밀리지 않고 쉽게 그릴 수 있다.

상상의 집 만들기

활동목표 동화를 통해 유아의 상상력을 자극하고 다양한 채소, 과자의 모양과 색의 특징을 찾아 상상 속의 집을 만들어 봄으로써 창의력을 키울 수 있다.

준비물 우드락, 여러 가지 채소, 다양한 과자, 사발면 용기, 이쑤시개, 본드

활동방법

1. 동화 속에 나오는 집은 어떤 모양일지, 만약 채소나 과일로 만든 집이 있다면 어떨지 서로 이야기 나누어 본다.
2. 여러 가지 채소를 살펴보고 각 채소의 모양을 살려 집을 표현해 본다. 무처럼 큰 채소는 집의 몸체를 표현하고 기다란 채소는 지붕을, 작은 채소는 창문, 잎이 많은 채소는 나무 등으로 표현해 본다.
3. 사발면 용기에 과자를 붙여 집의 형태를 만들고 여러 가지 재료로 꾸며 준다.

활동 유의점

- 우드락 위에 집을 만들게 하면 꾸미기도 쉽고 이동도 쉽게 할 수 있다.
- 칼 사용은 위험하므로 케이크 칼로 자르게 하거나 단단한 채소는 교사가 잘라 주도록 한다.

석고 스크래치

활동목표 다양한 재료를 경험시켜 표현의 폭을 넓히고 흥미를 북돋우며 창의력을 키울 수 있다.

준비물 석고 가루, 틀(일회용 스티로폼 도시락 그릇), 못, 래커 스프레이

활동방법

1. 석고 가루에 물을 붓고 나무젓가락으로 저어서 덩어리 없이 석고물을 만든다.
2. 석고물을 바닥이 평평한 틀 안에 붓는다.
3. 석고가 굳으면 틀에서 꺼내 원하는 색의 래커나 물감으로 채색하여 말린다.
4. 못으로 그림을 그려 주면 원래의 흰색이 나타난다.

응용 활동

- 석고물에 여러 가지 색의 물감을 섞으면 다양한 색의 석고물을 만들 수 있다.
- 석고물을 부을 틀의 모양에 따라 네모뿐 아니라 다른 모양도 가능하다.

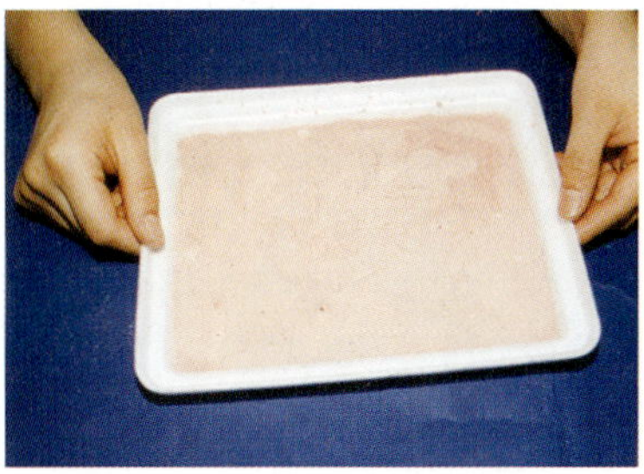

석고탑 만들기

활동목표 석고를 여러 가지 형태의 틀로 떠내어 쌓아서 탑을 만들어 볼 수 있다.

준비물 종이컵, 아크릴 물감, 펄 물감, 석고물

활동방법

1. 종이컵을 살짝 구긴다.
2. 석고물을 만들어 종이컵 안에 붓는다(약 5~10분 후면 굳는다).
3. 석고가 굳으면 종이컵을 찢고 석고를 꺼내어 그늘에서 완전히 말린다.
4. 아크릴 물감이나 펄 물감 등으로 무늬를 그려 넣거나 색을 칠해서 예쁘게 꾸며 준다.
5. 완성된 것을 서로 쌓아 탑을 만들어 본다.

응용 활동

석고물에 물감을 섞으면 여러 가지 색의 석고탑을 만들 수 있으며 틀도 종이컵뿐만 아니라 우유갑, 일회용 용기, 비닐 등을 사용할 수 있다.

관찰 그림

활동목표 사물을 자세히 관찰하여 집중력을 높이고 사물이 갖는 색, 모양, 특징을 정교하게 표현해 볼 수 있다.

준비물 화지, 색연필 또는 연필

활동방법

1. 주변의 사물을 자세히 관찰할 수 있도록 특정한 사물을 일정 시간 살펴보게 한 후 퀴즈를 내어 알아맞히기 놀이를 해 본다.
2. 청소기는 어디에 쓰는 물건인지 알아보고 청소기의 각 부분을 자세히 살펴본다.
3. 화지에 청소기의 몸체를 먼저 그린 후 연결 호스와 흡입구 부분을 그린다.
4. 각 부분의 특징을 좀 더 자세히 묘사하고 부분적으로 연필로 채색한다.

활동 유의점

유아들은 한 가지 사물을 보아도 모두 자기가 더 인상 깊은 곳을 강조하게 된다. 따라서 사물과 조금 다르거나 특정한 부분을 강조하였다고 해서 틀린 것은 아니므로 유아의 개성을 인정해 주도록 한다.

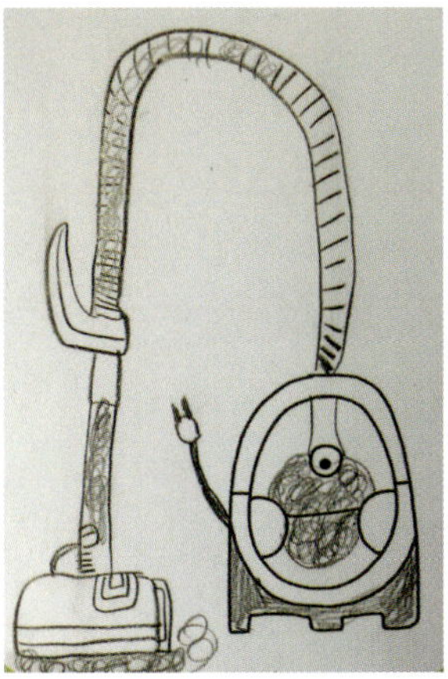
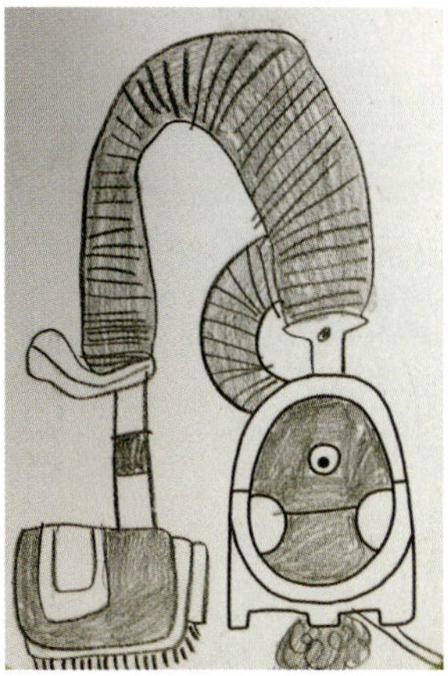

캥거루 만들기

활동목표 동물을 사랑하는 마음을 가지며 캥거루의 특징에 대해 알아보고 우유갑을 이용하여 독창적으로 만들어 볼 수 있다.

준비물 200ml / 1,000ml 우유갑, 색상지

활동방법

1. 우유갑을 깨끗이 씻어 말려 준비한다.
2. 우유갑의 입구 부분을 뾰족하게 접은 후 나머지 부분은 벌어지지 않도록 고정한다.
3. 색상지로 우유갑 네 면을 싸서 캥거루 몸체를 표현한다.
4. 우유갑 입구 부분은 다른 색의 색상지를 붙여서 얼굴을 만들고 눈을 오려 붙인다.
5. 색상지로 캥거루의 팔, 다리, 꼬리 등을 오려서 몸체에 붙인다.
6. 작은 크기의 우유갑으로 아기 캥커루를 만든 후 큰 우유갑의 어미 캥거루 배에 붙여 특징을 표현해 본다.

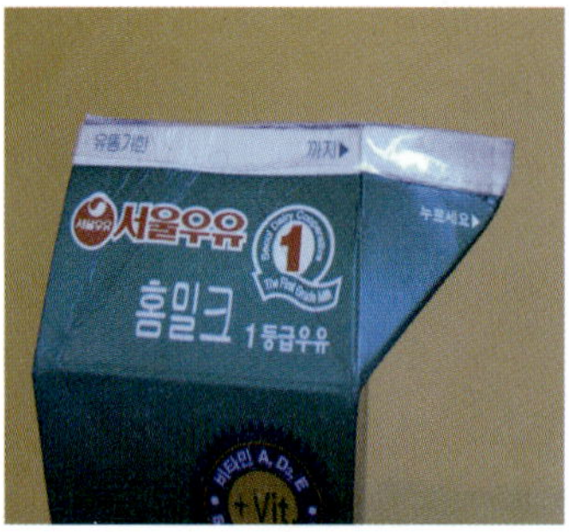

바탕 연상 그림

활동목표 색에서 연상되는 느낌을 유아들의 생활과 연계하여 생각해 보고 다양한 풍경을 생동감 있게 표현해 볼 수 있다.

준비물 우드락, 아크릴 물감, 롤러, 유성 매직

활동방법

1. 아크릴판에 두 가지 색을 나란히 짠 후 롤러로 밀어 자연스럽게 그러데이션 시킨다.
2. 우드락 위에 물감을 묻힌 롤러로 채색하여 배경을 만든다.
3. 완전히 마른 후 네모 모양으로 자른다.
4. 배경 우드락을 유아들에게 보여 주고 어떤 느낌이 드는지 이야기해 보게 한다.
5. 파란색 - 바다, 주황색 - 노을, 검은색 - 밤하늘, 초록색 - 숲 속 등 색에서 연상되는 주제를 생각해 본다.
6. 유성 매직으로 주제를 대담하게 그리고 아크릴 물감으로 채색한다.
7. 유아들의 작품을 모아 붙여서 커다란 벽화를 만들어 전시한다.

구름 위 상상 나라

활동목표 솜이 주는 느낌을 이용하여 유아들의 상상력을 자극하고 유아가 생각한 것을 독창적으로 표현해 볼 수 있다.

준비물 화지, 약솜, 크레파스, 사인펜

활동방법

1. 구름 위에는 무엇이 있을지 유아가 상상한 것을 마음껏 나누어 보게 한다.
2. 솜을 만져 보고 무엇이 생각나는지, 느낌이 어떤지 이야기해 본다.
3. 솜을 화지 밑면에 붙여 구름을 표현한다.
4. 구름 위에는 어떤 나라가 있을지 유아가 생각한 것을 사인펜으로 밑그림을 그린다.
5. 크레파스로 채색하고 서로의 그림에 대해 발표해 본다.

활동 유의점

'내가 구름 위에 산다면, 구름 위에는 어떤 집이 있을까?' 등 열린 질문을 통해 유아가 상상할 수 있도록 도와주고 유아의 생각을 격려해 준다.

미래의 내 모습 그리기

활동목표 여러 가지 직업에 대해 알아보고 미래의 내 모습을 상상하여 그릴 수 있다.

준비물 소포 포장지, 사인펜, 크레파스

활동방법

1. 미래에 어떤 사람이 되고 싶은지 서로 이야기해 본다.
2. 하는 일에 따라 어떤 옷을 입고, 어떤 일을 하는지 알아본다.
3. 소포지에 사인펜으로 밑그림을 그리고 크레파스로 채색한다.
4. 무엇을 그린 것인지 발표해 본다.

선생님 사랑해요

활동목표 대상을 자세히 관찰하고 특징이 재미있게 나타나도록 그릴 수 있다.

준비물 연필, 지우개, 화지

활동방법

1. 교사는 모델이 되고 유아는 교사의 얼굴을 자세히 관찰한다.
2. 연필로 교사의 얼굴 형태를 관찰하여 그려 본다.
3. 눈, 코, 입과 복장 등을 관찰하여 특징을 살려 그린다.
4. 그림 뒤에 교사에게 감사의 말 등을 적어 본다.

졸업 꽃다발 만들기

활동목표 다양한 재료로 꽃을 만들어 꽃바구니를 꾸며 보고 친구들에게 졸업을 축하하는 마음을 전할 수 있다.

준비물 종이컵, 모루, 백업, 색볼, 이쑤시개, 색종이, 본드

활동방법

1. 종이컵에 꽃 모양을 오려 붙이고 꽃 가운데에 유아 사진을 붙이거나 이름을 쓴다.
2. 꽃은 색볼, 백업, 색종이, 기타 폐품을 이용하여 만들어 본다.
3. 색 종이컵 입구 크기의 스티로폼을 잘라 컵 안에 넣는다.
4. 완성된 꽃을 꽂아 주고 색종이로 잎을 만들어 붙인다.
5. 손잡이는 모루를 서로 꼬아서 만들거나 백업으로 표현해 준다.
6. 교사나 친구에게 선물한다.

응용 활동

교사는 유아의 사진이 붙은 바구니를 만들어 졸업 때 선물할 수 있다.

우드락 구성놀이(공동 작품)

활동목표 다양한 색의 우드락을 여러 가지 모양으로 잘라 형태를 표현하고 자유롭게 구성하면서 공간 지각력과 미적 표현력을 키울 수 있다.

준비물 우드락, 우드락 본드, 가위

활동방법

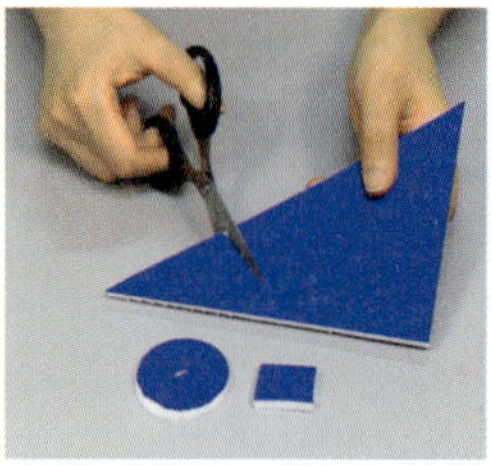

1. 배경이 되는 우드락은 검은색이나 흰색으로 준비한다.
2. 배경색을 제외한 다양한 색의 우드락을 준비하여 세모, 네모, 동그라미 등 다양한 모양으로 오린다. 이때 긴 네모를 반으로 잘라 작은 네모를, 큰 세모의 끝을 잘라 뾰족한 작은 세모를, 네모의 귀퉁이를 잘라 동그라미를 오리는 등 쉽게 자르는 방법을 탐색해 보게 한다.
3. 배경이 되는 우드락 위에 잘라 놓은 우드락을 펼쳐서 자유롭게 구성해 본다.
4. 본드로 고정해 마무리한다.

활동 유의점

- 우드락은 한 장을 그냥 주지 말고 미리 조금 크게 정사각형, 긴 네모, 세모, 동그라미 등 몇 조각으로 잘라 놓고 유아에게 그것을 더 세부적으로 작게 자르게 한다.
- 너무 많은 색보다는 몇 가지 색으로 제한하는 것도 좋은 효과를 낼 수 있다.

Chapter 05

미술 감상 & 북아트 프로그램

미술 감상 프로그램

북아트 프로그램

미술 감상 프로그램

마음대로 나누어요
포토몽타주
풀 그림
색종이로 표현하기
도자기 속 물고기
노리개 만들기
토우 만들기
점묘화
점토 부조 그림
금관 만들기
느낌이 달라요
민화 속 호랑이

마음대로 나누어요

활동목표 몬드리안(Piet Mondrian)의 작품을 감상해 보고 화지를 선으로 대담하게 분할하여 면을 구성해 볼 수 있다.

준비물 수채화 물감, 몬드리안 작품 사진, 화지

활동방법

1. 몬드리안의 작품을 감상해 보고 무엇을 표현한 것인지, 어떤 색을 사용하였는지 이야기 나누어 본다.
2. 몬드리안 작품 사진의 일부를 오려서 화지 중앙에 풀로 붙여 놓는다.
3. 사진 속 검은 선을 따라 화면을 크게 2~3번 나누고 다시 작은 면으로 나누어 그린다.
4. 빨간색, 노란색, 파란색 물감으로 부분적으로 채색해 본다.
5. 서로의 작품을 감상해 보고 느낌을 살려 제목도 만들어 본다.

〈빨강, 파랑, 노랑의 구성〉
출처: http://www.piet-mondrian.org

활동 유의점

면은 색을 제한하여 색칠하기, 차가운 느낌, 따뜻한 느낌의 색으로 칠하기, 여러 가지 색으로 칠해 보기 등 다양한 방법으로 채색해 본다.

포토몽타주

활동목표 포토몽타주란 무엇인지 라울 하우스만(Raoul Hausmann)의 작품을 감상해 보고 신문이나 잡지의 이미지를 독창적으로 재구성할 수 있다.

준비물 신문, 잡지, 화지

활동방법

1. 라울 하우스만의 「미술비평가」라는 작품을 감상해 보고 무엇을 표현한 것인지, 어떤 표현 방법을 사용했는지 이야기해 본다.
2. 신문이나 잡지에서 다양한 이미지들을 오려 낸다.
3. 화지 위에 자유롭게 구성해 보고 원하는 모양이 완성되면 풀로 붙인다.
4. 나머지 부분은 크레파스 등으로 덧그려 주어도 된다.
5. 무엇을 표현한 것인지 발표해 보고 제목도 만들어 본다.

〈미술비평가〉
출처: 테이트 모던 갤러리

활동 유의점

오려 낸 이미지를 무작정 붙이기보다는 사람, 꽃 등 유아와 친숙한 주제를 정해서 여러 가지 이미지들로 구성해 보게 한다.

풀 그림

활동목표 고흐(Vincent van Gogh) 작품을 감상해 보고 물감을 직접 손가락에 묻혀 그려 봄으로써 우리의 신체도 미술 도구가 될 수 있음을 알 수 있다.

준비물 그림물감, 화지

활동방법

1. 고흐의 작품을 감상해 보고 어떤 표현 방법으로 그렸는지, 무엇을 표현한 것 같은지 느낌을 서로 이야기해 본다.
2. 화지 위에 크레파스를 눕혀서 채색한다. 이때 2~3가지 색으로 너무 진하지 않도록 흐리게 칠한다.
3. 색색의 풀물감 중에서 원하는 색을 골라 화지 위에 섞어가면서 그림을 그린다.
4. 물감의 질감도 느껴 보고 물감이 서로 섞이는 모습도 관찰한다.
5. 크레파스나 붓으로 그렸을 때와 손으로 그렸을 때의 느낌이 어떻게 다른지 이야기해 본다.

〈별이 빛나는 밤에〉

출처: http://www.vangoghgallery.com

색종이로 표현하기

활동목표 앙리 마티스(Henri Matisse)의 작품을 감상해 보고 색종이를 이용하여 자기 생각과 느낌을 표현해 볼 수 있다.

준비물 색종이, 가위, 풀, 앙리 마티스 작품 사진

활동방법

1. 마티스의 작품을 감상해 보고 어떤 재료를 사용하여 표현한 것인지, 어떤 조형 요소와 원리로 표현한 것인지 살펴본다.
2. 색종이로 표현하고자 하는 주제의 모양을 크고 작게, 여러 가지 색의 색종이를 오려서 화지에 붙인다.
3. 오리고 남은 색종이 조각도 자유롭게 붙여 본다.
4. 다 붙이고 난 후 제목도 정해 보고 무엇을 표현할 것인지 서로 발표해 본다.

〈다발〉

출처: http://www.henri-matisse.net

도자기 속 물고기

활동목표 우리의 전통 도자기에서 물고기 그림을 찾아 감상해 보고 평면으로 재구성하여 표현해 볼 수 있다.

준비물 화지, 크레파스, 긁을 도구, 도자기 자료

활동방법

1. 분청사기는 어떻게 만들어진 것인지 알아보고, 도자기에 그려진 그림은 어떤 의미인지 이야기 나누어 본다.
2. 화지에 도자기의 모양을 대담하게 그린다.
3. 노란색을 먼저 칠하고 위에 짙은 갈색을 덧칠한 후 긁어내며 물고기 모양을 그려 본다.
4. 검은색 화지에 도자기 모양을 그리고 흰색 크레파스로 전체를 채색한 후 스크래치 기법을 이용하여 물고기 모양을 표현해 본다.

〈분청사기 선각 물고기무늬 편병〉

출처: 소장하고 싶은 우리 명화 〈도자기〉, 한국퍼킨스, 2006

활동 유의점

도자기 속의 물고기 그림과 똑같지 않아도 되며 유아가 자유롭게 그리도록 격려한다.

노리개 만들기

활동목표 우리의 전통문화에 관심을 가지며 노리개의 용도와 특징에 대해 알아보고 폐품을 활용하여 독창적으로 표현해 볼 수 있다.

준비물 종이컵이나 병뚜껑, 스팽글, 장식 구슬, 한지색종이, 빨대, 끈, 풀

활동방법

1. 노리개는 어디에 사용하는 물건인지 알아보고 모양과 색의 특징을 찾아본다.
2. 종이컵을 8등분으로 잘라 펼친 후 끝을 꽃 모양으로 자른다.
3. 종이컵 밑면을 한지색종이를 잘라 붙여 예쁘게 꾸며주고 스팽글이나 장식 구슬 등을 이용하여 화려하게 장식한다.
4. 한지색종이 한 면을 1cm 정도 접었다 편 후 접은 선까지 나머지 부분을 가늘게 자른다.
5. 빨대를 4cm 정도 자른 후 한쪽 끝에 4의 종이를 감아 붙여 노리개의 수술을 만든다.
6. 종이컵 조각 종이를 원하는 모양으로 자른 후 구멍을 뚫고 실을 끼운 후 끝을 매듭지어 빠지지 않도록 한다.
7. 노리개 뒷면에 완성된 수술과 끈을 각각 붙인다.

〈백옥 향갑 노리개〉
출처: 국립중앙박물관

토우 만들기

활동목표 우리 고유의 신라 토우를 감상해 보고 점토를 이용하여 토기와 토우를 창의적으로 만들어 볼 수 있다.

준비물 점토, 점토 칼, 토우 작품 사진

활동방법

1. 점토를 동그랗고 납작하게 눌러서 밑판을 만든다.
2. 점토를 양 손바닥으로 굴려서 길게 만든 후 밑판에 감아 쌓아서 그릇을 만든다.
3. 서로 떨어지지 않도록 손으로 살짝 문질러 준 후에 작은 토우를 만들어서 그릇에 붙인다.
4. 그늘에 잘 말린 후 물감으로 채색하고 니스를 바른다.

〈토우장식 유개고배〉
출처: 국립경주박물관

※ 토우: 신라인이 점토로 빚은 흙 조각품이다. 원래는 사후 세계를 믿었던 신라인의 무덤에 넣기 위한 부장품으로 만든 것으로, 풍요로움과 다산(多産) 기원 등 여러 이유로도 만들었다. 신라 토우는 보통 5cm 정도의 크기로 사람의 형상뿐 아니라 다른 여러 동물이나 생활 용구, 집 등 모든 것을 그 모양대로 본떠 나타낸 것을 일컫는다.

점묘화

활동목표 시냐크(Paul Signac)의 작품을 감상해 보고 점을 찍어 표현해 볼 수 있다.

준비물 면봉, 화지, 크레파스, 시냐크 작품 사진, 그림물감

활동방법

1. 시냐크의 작품을 감상해 보고 어떤 기법으로 사물을 표현했는지, 다른 그림과 어떻게 다른지 이야기해 본다.
2. 화지에 크레파스로 그리고자 하는 주제의 밑그림을 그린다.
3. 면봉에 물감을 묻혀서 찍는다. 색이 바뀔 때마다 면봉을 바꾸어 사용한다.

〈아비뇽 교황청〉
출처: 프랑스국립박물관연합

4. 가까이 보고 멀리서도 보면서 어떻게 다르게 보이는지 서로의 작품을 감상해 본다.

점토 부조 그림

활동목표 신라 시대 유물인 보상화를 감상해 보고 유아 나름대로 꽃무늬를 디자인해 볼 수 있다.

준비물 점토, 이쑤시개

활동방법

〈보상화무늬 전〉
출처: 국립경주박물관

1. 보상화문전의 사진 자료를 준비하여 보여 주고 어떤 재료를 이용하여 만든 것인지, 무엇을 표현한 것인지 이야기해 본다.
2. 점토를 밀대로 밀어서 평평하게 만든 후 점토 칼을 이용하여 네모 모양으로 자른다.
3. 어떤 꽃 모양을 만들지 구상해 본다. 생각한 것을 미리 종이에 그려 보아도 좋다.
4. 이쑤시개로 원하는 모양을 그리고 점토를 가늘게 말아서 그린 선을 따라 붙여 준다.
5. 남은 부분을 유아 나름대로 예쁘게 장식하여 꾸며 본다.

※ 보상화: 동양의 식물계 문양의 일종으로 모란 모양, 모란과 연화를 융합시킨 모양, 네잎 꽃을 간소화한 모양의 것 등 그 종류도 많고 복잡하다. 한 개의 모티프에서 생긴 것이 아니라 여러 가지 모티프로 구상된 공상의 꽃무늬이다.

금관 만들기

활동목표 우리나라 전통미술에 관심을 갖고 금관의 모양과 쓰임새를 알아보며 종이를 이용하여 특징을 살려 만들어 본다.

준비물 마분지, 스팽글, 가는 철사, 단추, 병뚜껑, 구슬, 금색 래커 스프레이

활동방법

금관
출처: 국립경주박물관

1. 신라 금관의 참고 사진을 준비하여 금관의 모양새와 쓰임새에 대해 이야기해 본다.
2. 마분지를 4~5cm 넓이로 자르고 길이는 머리둘레보다 약간 길게 잘라 동그랗게 만들어 고정한다.
3. 신라 금관의 앞부분은 出자 모양으로 그려서 오린다.
4. 양옆과 뒤는 사슴뿔 모양으로 그려서 오려 낸다.
5. 동그랗게 만든 마분지 앞쪽에는 出자 모양을 붙이고 양옆과 뒤에는 사슴뿔 모양으로 오린 마분지를 붙여 준 후 병뚜껑, 단추, 구슬 등을 붙여 장식한다.
6. 가는 철사에 스팽글을 매달아 금관에 테이프로 붙이거나 송곳으로 작은 구멍을 뚫고 끼워 넣는다.

느낌이 달라요

활동목표 앤디 워홀(Andy Warhol) 작품의 소재와 의미, 표현의 특징을 찾아보고 복제 예술인 판화 기법을 활용하여 독창적으로 표현해 볼 수 있다.

준비물 스티로폼 접시 또는 우드락 조각, 볼펜, 수채화 물감, 색상지

활동방법

1. 엔디 워홀의 작품을 감상해 보고 무엇을 표현한 것인지 주제와 표현 방법 등을 알아본다.
2. 스티로폼 접시 밑면이나 우드락을 준비한다.
3. 우리 생활 주변에서 쉽게 볼 수 있는 주제를 찾아 단순화하여 그려 본다.
4. 붓에 물감을 묻혀 우드락 위에 칠한 후 색상지 위에 올려놓고 찍는다.
5. 색상지 색과 물감색을 달리하여 반복하여 찍는다.
6. 완성된 작품을 모아 구성해 보고 색이 주는 느낌을 이야기해 본다.

〈마릴린먼로〉

출처: http://www.moma.org/collection

활동 유의점

- 스티로폼이나 우드락에 수채화 물감이 잘 묻지 않을 경우 주방 세제를 약간 섞으면 잘 채색된다.
- 프로타주, 장난감 찍기, 공판화, 스탬프 찍기 등 여러 가지 판화 기법을 활용해 볼 수 있다.

민화 속 호랑이

활동목표 우리나라 민화에 대해 알아보고 민화 중에서 호랑이를 주제로 한 작품들을 감상하고 민화 속에 그려진 호랑이를 표현해 볼 수 있다.

준비물 화선지, 크레파스, 수채화 물감, 커피물

활동방법

1. 민화 속에 나오는 호랑이는 실제 호랑이와 어떻게 다른지 표현 방법을 이야기해 본다.
2. 화선지에 검은색 크레파스로 호랑이의 얼굴과 몸체를 그린다.
3. 민화 속에 나오는 호랑이의 표정과 몸의 무늬 등 특징을 살려 그려 본다.
4. 수채화 물감으로 호랑이를 채색한다.
5. 오래된 한지의 느낌을 살려 커피물로 바탕을 채색한다.

〈작호도〉

출처: 조선민화박물관

활동 유의점

커피가 마르면 오래된 종이 느낌을 낼 수 있는데, 깨끗이 칠하기보다는 얼룩이 지게 칠하고 두 번 정도 채색해 주면 효과가 더 좋다.

북아트 프로그램

약속책
꽃사전책
감사책
동물 팝업책
음식책
글자책
여행책
별자리책
낙엽책
무대책
산타책
선물책

약속책

활동목표 1. 원 생활에서 꼭 지켜야 할 규칙에는 무엇이 있는지 알 수 있다.
2. 규칙을 잘 지키면 어떤 점이 좋은지 알 수 있다.
3. 사회성을 기를 수 있으며 서로 양보하고 돕는 마음을 가질 수 있다.

준비물 색지, 머메이드지, 가위, 풀, 색연필, 사인펜

활동방법

1. 새로 만난 친구들과 사이좋게 지내는 방법에는 무엇이 있는지 이야기해 본다.
2. 여러 가지 상황의 사진 자료를 준비하여 보여 주고 이때 어떻게 행동해야 하는지, 그렇게 행동했을 때 무엇이 좋은지 서로의 생각을 나누어 본다.
3. 인형극이나 동화와 같이 유아들이 간접 경험을 통해 생각해 볼 수 있는 것도 좋다.
4. 우리가 약속을 할 때 어떻게 하는지 친구와 서로 약속을 해 본다.
   (예: 새끼손가락을 걸어요 → 도장을 찍어요 → 복사를 해요)
5. 화장실에 갈 때, 식사할 때, 아침에 원에 왔을 때 등 다양한 상황에서 필요한 규칙들을 자연스럽게 알 수 있도록 약속책을 만들어 본다.

활동 유의점

1. 표지를 펠트로 하면 촉감도 느낄 수 있어서 좋다.
2. 유아들의 손 모양을 따로 그려서 붙여도 된다.
3. 글쓰기가 어려운 유아는 그림을 붙여서 표현할 수 있다.

만드는 방법

① 4절 색지를 길게 반으로 잘라 반으로 접는다.
② 유아의 손길이만큼 양쪽 끝을 앞뒤로 접는다.

③ 양쪽은 유아의 손 모양, 가운데는 4쪽 아코디언이 되게 접는다.

④ 손을 꾸며 주고, 약속을 적은 종이를 속지 안에 붙인다.

⑤ 두꺼운 색지를 반으로 접어서 손 모양으로 오린다(속지보다 크게 오린다).

⑥ 첫 번째 손 모양을 표지 왼쪽에 붙인다.

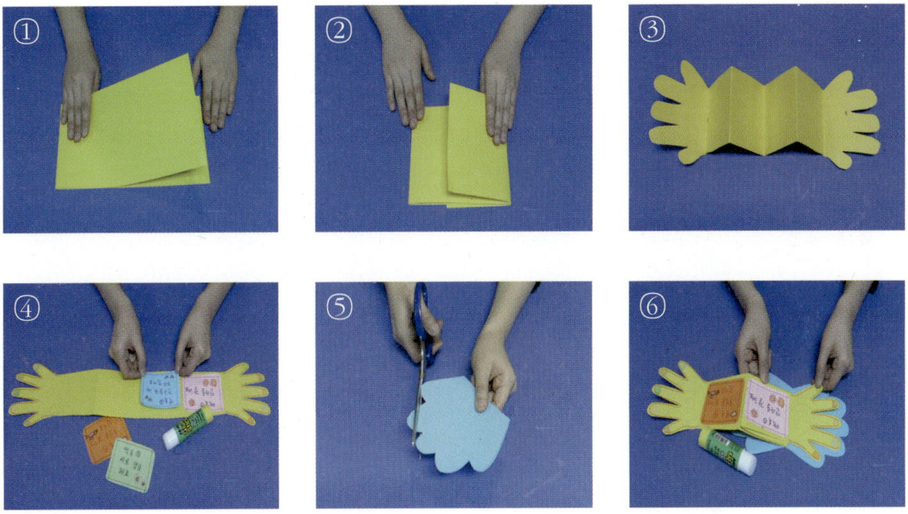

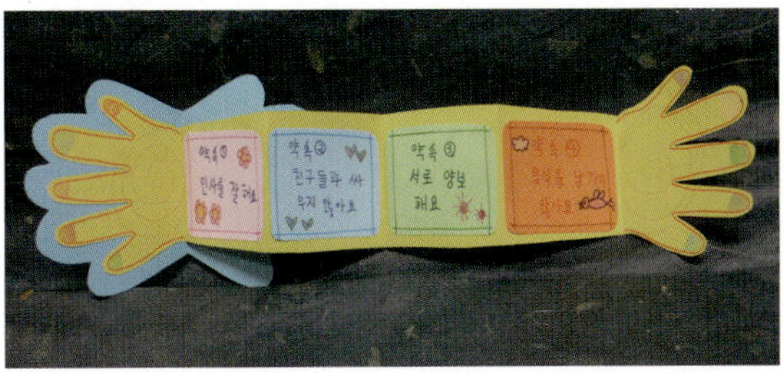

꽃사전책

활동목표

1. 봄에 피는 꽃에는 무엇이 있는지 알 수 있다.
2. 각 꽃의 이름과 색, 모양의 특징을 관찰하여 표현해 본다.
3. 봉투를 활용하여 쉽게 책을 만들어 봄으로써 책 만들기에 자신감과 흥미를 느낄 수 있다.

준비물 CD 케이스 봉투, 진한 색 머메이드지, 파스텔, 색연필, 사이펜, 봄꽃 자료

활동방법

1. 봄에 볼 수 있는 꽃에는 무엇이 있는지 알아본다.
2. 봄꽃 중에서 유아가 직접 보았던 꽃이 있는지 꽃의 이름을 말해 본다.
3. 실물 꽃이나 사진 자료를 보고 꽃의 모양과 색의 특징을 관찰해 본다.
4. 관찰한 모양을 화지에 사인펜과 색연필로 표현해 본다.
5. 사전은 무엇인지 알아보고 봄꽃을 소개하는 사전을 만들어 본다.
6. CD 봉투 겉면 동그란 모양 안에 꽃 그림이 정확히 보이려면 화지를 10×10cm 크기로 하고 그 안에 꽉 차게 꽃을 그려서 오린 후 다시 속지 가운데에 붙인다.
7. 완성된 책은 과학 영역에 두고 볼 수 있도록 한다.

만드는 방법

① 파스텔로 CD 케이스 앞면을 채색하고 사인펜으로 무늬를 그려 넣어 꾸며 준다.
② 화지에 봄꽃을 관찰하여 그림을 그린 후 오려 내어 속지 가운데에 붙인다.
③ 꾸며 놓은 CD 케이스 안에 속지를 넣는다.
④ CD 케이스 덮개 부분에 풀을 칠하고 다른 CD 케이스의 덮개가 없는 부분을 붙여서 서로 연결한다.
⑤ 글종이에 꽃의 특징을 글로 쓴 후 봉투 뒤에 붙인다.

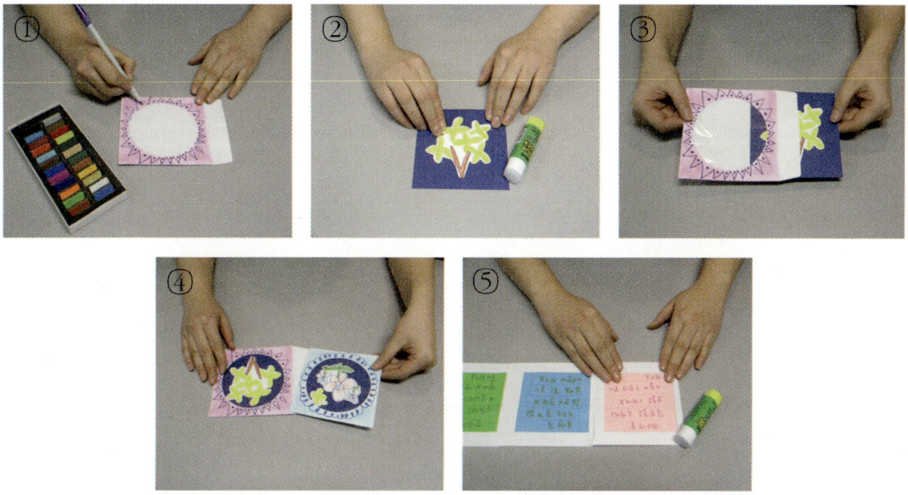

감사책

활동목표 1. 가족의 소중함과 중요성을 알 수 있다.
2. 편지를 쓰는 방법을 알며 순서에 맞게 편지글을 써 본다.
3. 편지를 통하여 부모님께 고마운 마음을 전한다.

준비물 색지, 레이스 종이, 꽃무늬 색종이, 리본끈, 색연필, 사인펜

활동방법

1. 편지는 어떻게 쓰는 것인지 편지글 쓰는 방법에 대하여 알아본다.
2. 엄마, 아빠께 가장 고마웠던 일들은 무엇이었는지 이야기해 본다.
3. 유아가 말하고 싶은 내용이 솔직히 드러나도록 글을 써 보게 격려해 준다.
4. 엄마, 아빠의 특징을 살려 그림으로도 그려 본다.
5. 편지를 보내기 위해 필요한 것이 무엇인지 알아본다.
6. 편지 봉투에는 무엇을 써야 하는지 알아본다.
7. 유아가 우체부가 되어서 자신의 편지를 부모님께 전달하도록 한다.

만드는 방법

① 정사각형 색지에 사각 레이스 종이를 붙인 후 방석접기 한다.
② 양면 색지를 반원 모양으로 자른 후 3등분 하여 접고, 안에 편지글과 그림을 그린다.
③ 색종이로 카네이션을 접어서 편지봉투 안에 붙이고 완성된 ②의 내지를 붙여 준다.
④ 우표를 만들어 봉투 뒤에 붙이고 주소와 이름을 쓴다.

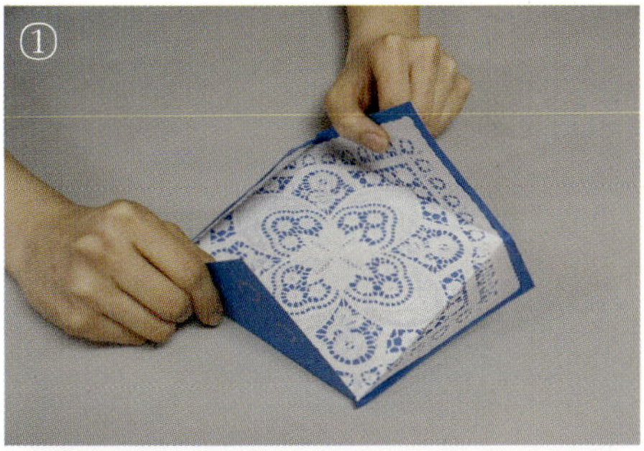
①

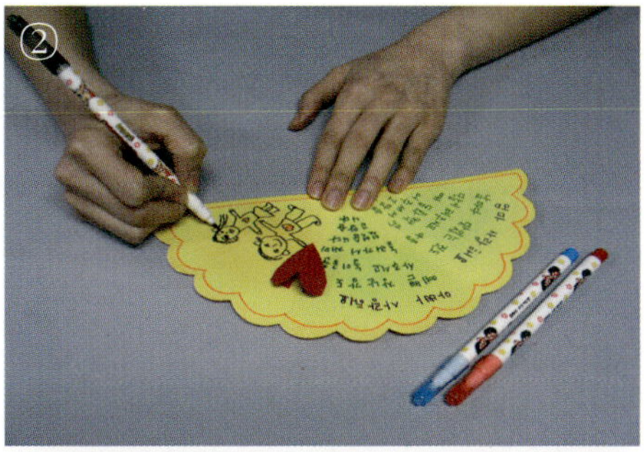
②

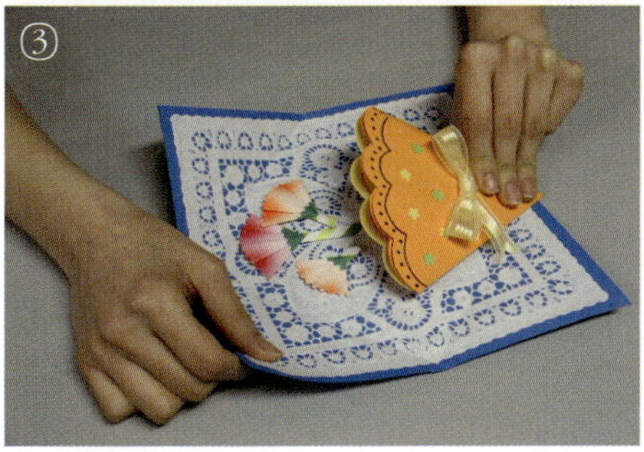
③

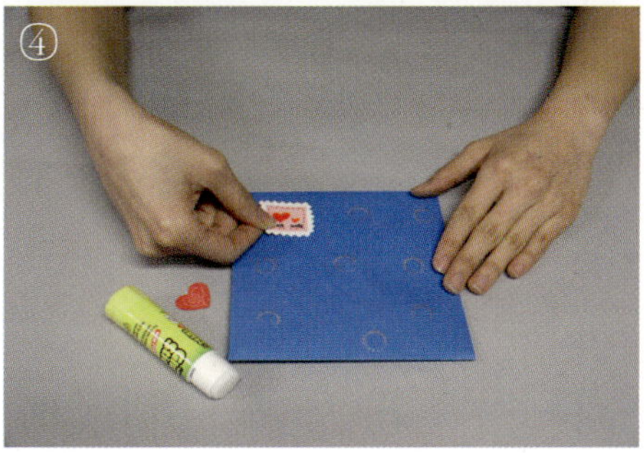
④

동물 팝업책

활동목표 1. 여러 가지 동물의 이름과 특징을 찾아본다.
2. 동물을 입체적으로 세워서 표현하는 산팝업에 대해 알아본다.
3. 동물의 특징을 이용하여 수수께끼를 만들어 본다.

준비물 16절 색지 두 장, 동물 무늬 색종이, 인형눈, 가위, 양면테이프

활동방법

1. 다양한 동물 사진을 준비하여 보여 준다.
2. 땅 위에 사는 동물, 물에서 사는 동물, 하늘에서 사는 동물 등으로 나누어 본다.
3. 각자 가장 좋아하는 동물을 찾아 이야기해 본다.
4. 동물의 이름과 모양, 색깔, 무늬, 소리 등을 알아본다.
5. 동물 몸체 모양으로 자른 종이를 동물 무늬 등의 특징을 살려 꾸민다.
6. 동물 얼굴은 따로 오려서 꾸민 후 몸체에 붙인다.
7. 완성된 동물을 책 안에 붙여서 팝업으로 세운다.
8. 동물의 특성을 이용하여 수수께끼 문제를 내 본다.
   (예: 나는 귀가 길고 빠르게 달려요. 두 글자입니다. 누구일까요?)

만드는 방법

① 반으로 접은 종이를 동물 몸체 모양으로 오린 후 발 끝 부분을 1cm가량 접어 양면 테이프를 붙인다.

② 중심선에서 1cm가량 떨어진 위치에 붙인 후 책을 덮는다.

③ 책을 열면 몸체가 세워지게 된다.

①

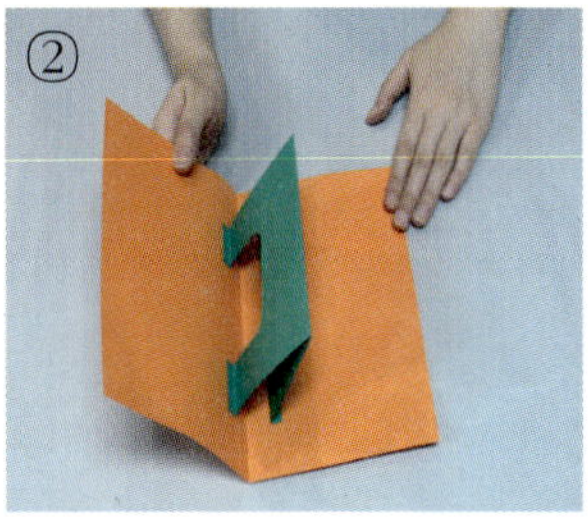
②

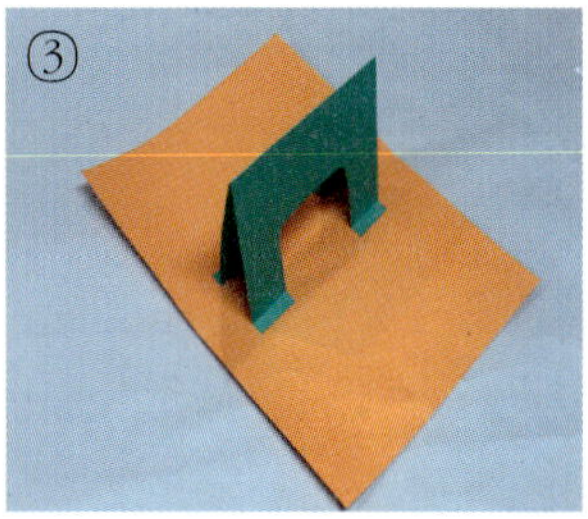
③

악어의 천적
몸체의 모양

음식책

활동목표 1. 삼각접기 방법을 활용하여 입체적인 삼각책을 만든다.

2. 세계 여러 나라의 문화에 대해 관심을 가지며 다양한 음식 문화를 알아볼 수 있다.

준비물 정사각형 색상지, 수세미, 사인펜

활동방법

1. 내가 가장 좋아하는 음식은 무엇인지 이야기해 본다.
2. 각 나라를 대표하는 음식은 어떤 것이 있는지 알아본다.
3. 세계 여러 나라 음식을 소개하는 책을 만들어 보고 어느 나라 음식인지 알아맞히기 놀이를 해 본다.

만드는 방법

① 정사각형 색상지를 세모 모양으로 두 번 접는다.

② 펼쳐서 네모 모양으로 반을 접는다.

③ 양쪽을 접어 넣어 삼각주머니 모양을 만들고 각 나라 국기와 대표 음식 사진을 붙이고 음식의 이름을 써넣는다.

④ 속지를 서로 붙여 연결한 후 수세미를 같은 모양으로 잘라 앞뒤에 글루건으로 붙인다.

①

②

③
베트남

④

세계 여러나라
음식책

글자책

활동목표 1. 주머니책 만드는 방법을 알 수 있다.

2. 가·나·다·라 각 낱자로 시작하는 단어를 찾아본다.

3. 글자에 관심을 두고 글쓰기 및 읽기 등 생활에 활용해 볼 수 있다.

준비물 4절 색지, 32절 색지, 모양 펀치, 흰색 종이, 색지 조각

활동방법

1. '가'부터 '하'까지 한 글자씩 골라 본다.
2. 각 글자가 들어간 글자를 신문이나 잡지 등에서 찾아본다.
3. 각 낱자로 시작하는 단어를 찾아 글로 써 본다.
4. 글쓰기가 어려운 유아는 그림으로 그려 볼 수 있다.
5. 몇 개의 글자를 선택해도 되고 한 글자씩 해 본 후 모아서 모둠책을 만들어도 좋다.

활동 유의점

주머니책이란 호주머니나 가방과 같이 담을 수 있는 형태를 말한다. 캥거루를 생각해 보게 하거나 우리가 입고 있는 옷에 붙어 있는 주머니를 생각해 보게 하면 쉽게 이해할 수 있다.

만드는 방법

① 긴 종이를 1/3 정도 접어 올린다.

② ①의 종이를 아코디언 접기 하여 네 쪽을 만든다.

③ 다시 펼쳐 주머니 쪽 종이를 원하는 모양으로 자른다.

④ 주머니 양쪽은 풀로 붙여 고정하고 주머니 겉에 소제목을 쓴 후 예쁘게 꾸며 준다.

⑤ 소책자는 색지를 반으로 접은 후 주머니와 같은 소제목을 써서 붙인다.

⑥ 소책자 안에 주제에 맞는 내용을 글과 그림으로 꾸며 준다.

⑦ 골판지 띠를 주머니 겉에 한쪽 면만 붙인 후 돌려 감아 잠금장치를 만들고 제목을 써서 입체적으로 붙인다.

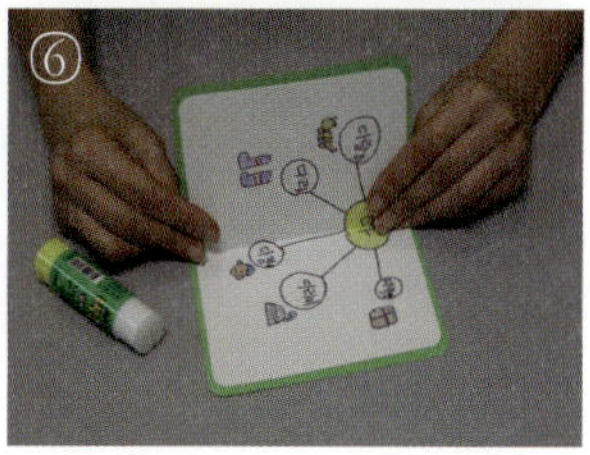

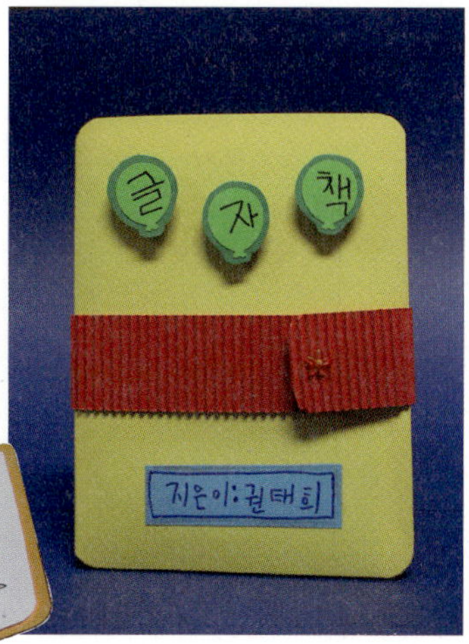

여행책

활동목표 1. 다른 나라의 문화에 대해 이해하고 관심을 가질 수 있다.

2. 세계 여러 나라의 이름과 국기, 각 나라의 인사말을 알아본다.

3. 겉모습이 다른 친구들도 우리와 같다는 것을 알고 사이좋게 지내는 방법을 알아본다.

준비물 흰색 종이, 무늬 종이, 장식지, 사인펜, 국기 그림, 벨크로, 링

활동방법

1. 세계 지도나 지구본을 준비하여 다양한 나라를 찾아본다.
2. 세계 여러 나라에는 우리와 같은 모습을 한 사람도 있지만, 피부색이 다르거나 우리와 다른 옷을 입는 사람들도 있다는 것을 이야기해 본다.
3. 우리와 모습이 다른 친구는 없는지 살펴보고 그러한 친구를 만났을 때 어떻게 해야 하는지 생각해 본다.
4. 만국기 사진을 보여 주고 어떤 나라인지 나라 이름을 맞혀 본다.
5. 우리나라에서는 친구들을 만났을 때 어떻게 인사를 하는지 서로 인사를 나누어 보고 다른 나라의 인사 방법도 알아본다.
6. 유아들이 서로 짝을 맞추어 여러 나라 말로 인사를 해 본다.

만드는 방법

① 속지를 계단접기로 네 쪽을 접은 후 국기 사진을 붙이고 나라 이름, 인사말을 쓴다.

② 무늬가 있는 종이 한쪽에 손잡이와 덮개를 만든 후 나머지 부분을 반으로 접어 가방 형태를 만들고 완성된 속지를 안에 넣어 붙인다.

③ 가방 덮개에 벨크로를 붙여 열리지 않도록 한다.

④ 색지를 태그 모양으로 자른 후 제목과 이름을 쓰고 링에 끼워 가방 손잡이에 매단다.

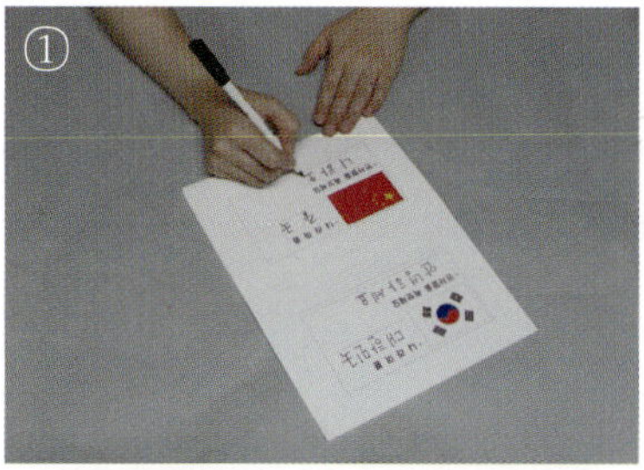
①

②

③

④

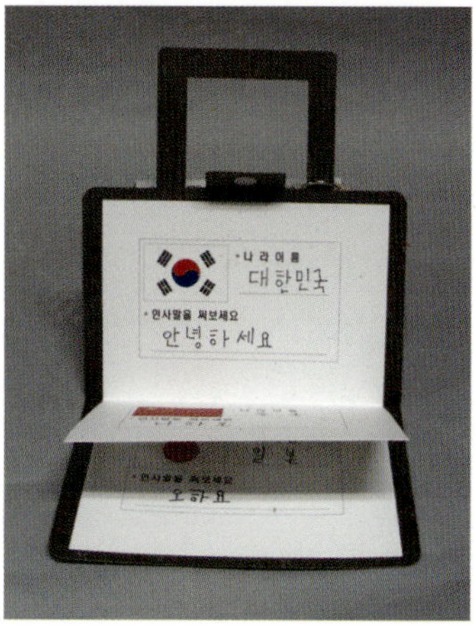
나라이름
대한민국
인사말을 써보세요
안녕하세요

별자리책

활동목표 1. 다양한 별자리에 대하여 관심을 가지며 별자리의 모양과 이름, 이야기 등을 모아서 책을 만들어 볼 수 있다.

2. 폐품도 책 만들기 재료로 활용될 수 있다는 것을 알 수 있다.

준비물 동그란 색지(어두운색), 흰색 펜, 별 모양 반짝이 스티커, 풀, 가위, CD 두 장, 스팽글, 색연필, 별자리에 관련된 다양한 자료, 색상지

활동방법

1. 별자리는 무엇인지 알아본다.

※ 별자리: 하늘의 별들을 찾아내기 쉽게 몇 개씩 이어서 그 형태에 동물, 물건, 신화 속 인물 등의 이름을 붙여 놓은 것.

2. 봄, 여름, 가을, 겨울에 볼 수 있는 별자리는 어떤 것이 있는지 이야기 나누어 본다.
   (예: 봄 - 사자자리, 바다뱀자리, 컵자리, 목동자리, 왕관자리...)
3. 가족과 나의 별자리도 알아보고 별자리에 얽힌 이야기도 찾아본다.
4. 별 스티커와 CD 케이스를 이용하여 별자리책을 만들어 보고 서로의 별자리를 발표해 본다.

만드는 방법

① 동그란 모양의 종이에 흰색 펜으로 별자리 모양을 그리고 별 스티커를 붙인다.

② 머메이드지를 계단접기로 여덟 쪽을 만들고, 완성된 ①을 2, 4, 6, 8면에 붙인다.

③ 별자리를 소개하는 작은 소책자는 색상지를 반으로 접은 후 정보를 쓰고 책의 왼쪽 페이지에 붙인다.

④ CD를 책의 앞과 뒤에 붙여서 표지를 만들고 스팽글, 색상지로 예쁘게 꾸며 준다.

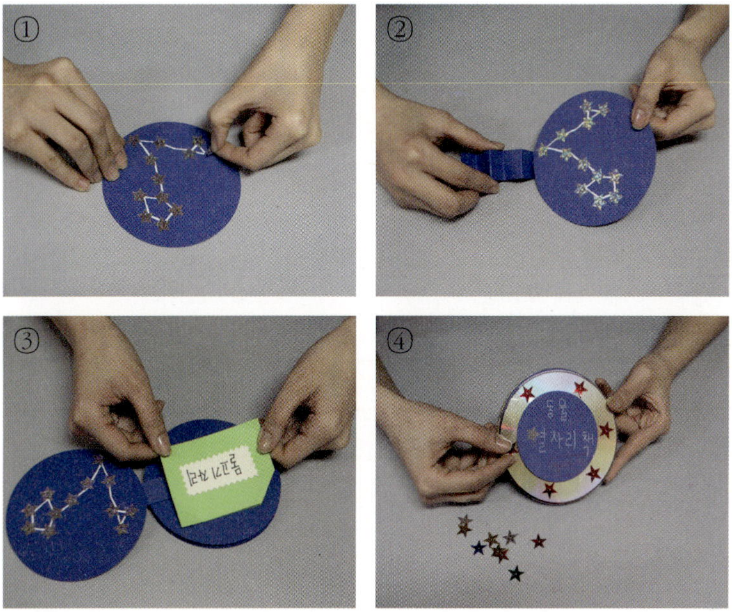
①
②
③
④
동물
별자리책

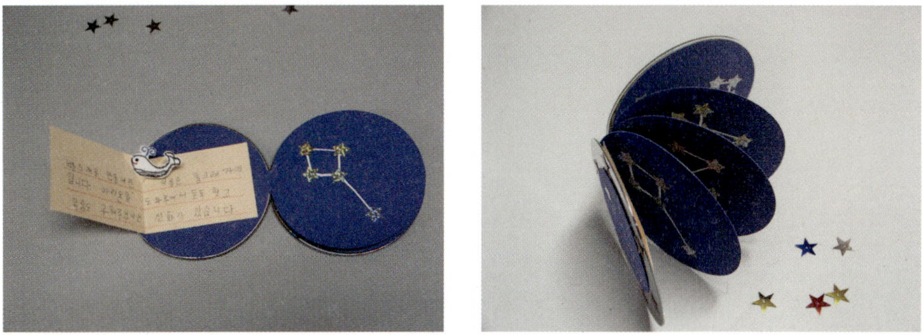

낙엽책

활동목표 1. 사계절의 변화를 알고 계절마다 달라지는 생활의 모습, 자연의 모습 등의 특징을 알아본다.

2. 계절감을 느끼며 자연의 아름다움을 느껴 볼 수 있다.

준비물 나무, 색지, 물감, 노끈, 나무구슬, 가위, 고체풀

활동방법

1. 유아들의 경험을 통해 느낀 각 계절의 특징을 서로 이야기 나누어 본다.
2. 가을에 볼 수 있는 것에는 어떤 것이 있는지 알아보고 자료를 찾아본다.
3. 가을에 나는 과일, 곤충, 식물은 무엇이 있는지 알아본다.
4. 가을을 주제로 플래그책을 만들어 보고 표지는 나무 위에 나뭇잎을 찍어 꾸며 준다.

만드는 방법

① 색지를 나뭇잎 모양으로 자른 후 네 장은 가을에 볼 수 있는 식물, 과일, 사물 등의 사진을 붙이고 나머지 네 장은 이름을 쓴다.

② 긴 색지 양쪽 끝을 나뭇잎 길이만큼 남긴 후 나머지 안쪽을 계단접기 하여 여덟 쪽을 만든다.

③ 완성된 그림은 1, 3, 5, 7면에 붙이고 이름은 2, 4, 6, 8면에 엇갈리게 붙인다.

④ 표지에 노끈을 넣은 후 나무 표지를 위에 덧붙인다.

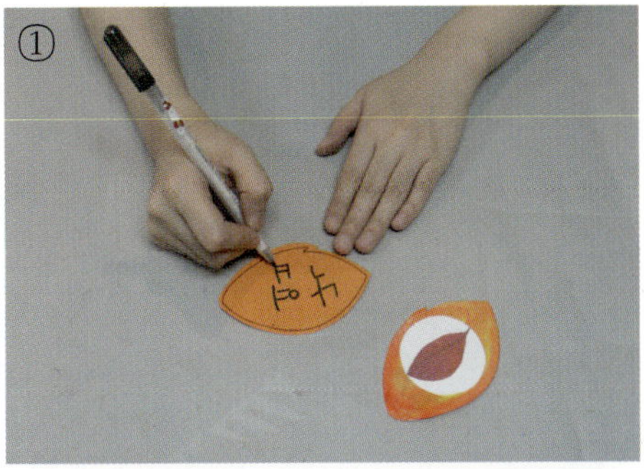
①

②

③

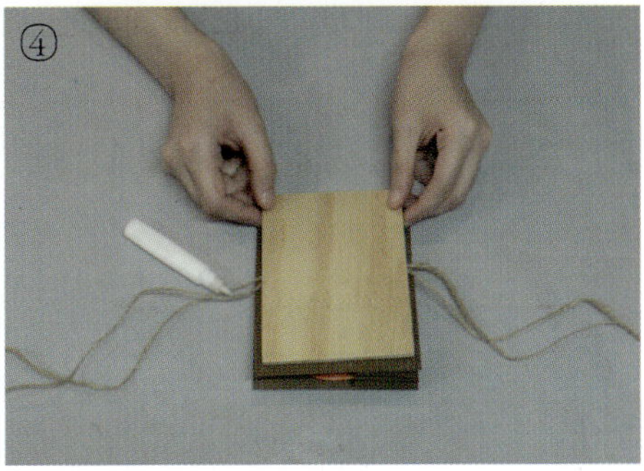
④

허수아비
잠자리
낙엽
알밤

낙엽책

무대책

활동목표 1. 우리 동네에는 어떤 기관이 있는지 찾아보고 각 기관이 하는 일과 특징을 알아본다.
2. 무대책을 만들어 봄으로써 공간감을 익히고 각 기관의 특징을 콜라주 방법으로 표현해 볼 수 있다.

준비물 8절 색지, 잡지, 가위, 풀, 색종이, 광고지

활동방법

1. 우리 동네에서 유아가 가 본 곳을 이야기해 보고 우체국, 은행, 약국, 병원, 옷가게 등이 어떤 곳인지, 무엇을 하는 곳인지 알아본다.
2. 각 기관에서 유아가 경험한 것을 서로 나누어 보면서 어떤 경우에 어디로 가야 하는지 이야기해 본다. (예: 편지를 보내요 - 우체국)
3. 간단한 접기 방법을 활용하여 입체적인 무대책을 만들어 본다.
4. 어떤 가게나 기관을 만들지 생각하여 잡지나 사진 등을 이용하여 꾸며 보도록 한다.
5. 무엇을 하는 곳인지 특징을 글로 적은 소책자를 따로 만들어 붙이면 더 좋다.
6. 다양한 가게의 특징을 살려 재미있게 무대책을 만든 후 가게놀이에 활용해 본다.

만드는 방법

① 색지를 네 쪽으로 접고 접은 넓이와 같은 두께로 아래쪽을 접어 올린다.
② 네 쪽으로 접은 종이의 긴 쪽을 사선으로 잘라 지붕 모양을 만든다.
③ 아래쪽은 두 쪽씩 반원 모양으로 잘라 무대를 만든다.
④ 반원 모양 종이를 선에 따라 반으로 자른다.
⑤ 지붕은 크레파스로 색칠하거나 색종이로 꾸미고 벽면은 광고지에서 채소나 과일을 오려 붙여서 슈퍼마켓을 꾸며 본다.

⑥ 아랫부분의 종이를 위로 올려붙여 무대를 만든다. 미리 무대도 꾸며 주면 더 좋다.

산타책

활동목표 1. 산타의 유래를 알아보고 어떤 일을 하는지 알 수 있다.
2. 어려운 사람을 도울 수 있는 다양한 방법에 대해 알아본다.
3. 상상한 것을 그림과 글로 자유롭게 표현해 볼 수 있다.

준비물 빨간색 머메이드지(반원), 인형눈, 색지, 펠트, 색볼, 본드, 빨간색 털실

활동방법

1. 산타는 어떻게 생겨난 것인지 유래를 알아본다.
2. 산타가 하는 일은 무엇인지 알아보고 내가 만약 산타라면 어떤 일을 하고 싶은지 생각해 본다.
3. 내가 받고 싶은 선물을 잡지에서 찾아 오린다.
4. 우리 주변의 어려운 이웃들에게 주고 싶은 선물을 찾아본다.
5. 미래의 산타 모습은 어떨지 생각하여 그려 보고 왜 그런 모습일지 글로 써 본다.

만드는 방법

① 반원의 색지를 반으로 접는다.

② 중심선에 맞추어서 양쪽을 접어 네 쪽을 삼각형 모양으로 만든다.

③ 페이지 모양으로 자른 속지에 산타의 유래, 내가 산타라면, 미래의 산타 등 다양한 내용을 글과 그림으로 완성한 후 ① 안에 붙인다.

④ 표지에는 산타 모습의 특징을 살려 꾸며 주고 낚싯줄을 매달아 모빌로 전시해도 재미있다.

①

②

③

④

산타책

선물책

활동목표 1. 가족의 소중함을 알고 감사하는 마음을 가진다.
2. 가족을 위해 할 수 있는 일을 알아보고 실천한다.
3. 가족 구성원에게 필요한 선물을 알아봄으로써 사랑의 마음을 가진다.

준비물 색상지, 리본끈, 잡지, 사인펜

활동방법

1. 우리 가족 구성원을 알아본다. 이때 나와 다른 형태의 가족이 있음을 알게 하여 편부모 같은 다양한 가족 구조에 편견을 갖지 않도록 한다.
2. 가족 구성원에 대하여 간단히 소개해 보도록 한다.
3. 어떤 점이 좋은지, 즐거웠던 경험이나 꼭 함께 가보고 싶은 곳, 하고 싶은 일 등을 자유롭게 이야기해 본다.
4. 선물을 받아 본 적이 있는지 이야기해 보고, 가족 구성원에게 선물한다면 무엇이 좋을지 생각해 본다.
5. 그 선물이 가족에게 왜 필요한지 생각하여 글로 써 보게 한다.
6. 선물은 잡지에서 오려 붙이거나 상상하여 그림으로 그려 보게 한다.
7. 완성된 책은 간단한 박스를 만들어 선물하도록 한다.

만드는 방법

① 사각주머니로 접은 속지에 주고 싶은 선물을 잡지에서 찾아 오려 붙이고 누구에게 주고 싶은지 글로 쓴다.

② 완성된 속지를 다시 접은 후 겉면에 누구에게 주는 선물인지 써 본다.

③ 여덟 쪽이 생기도록 계단접기 하여 연결 종이를 만든다(1쪽과 8쪽은 속지와 같은 넓이의 표지로 만든다).

⑤ 완성된 속지를 연결 종이 안쪽 주름 부분에 붙인다(1, 3, 5, 7면에 붙인다).

⑤ 연결 종이 첫 장에 책의 제목과 이름을 쓴다.

⑥ 색상지로 성냥갑 같은 상자를 만들어 완성된 책을 넣고 리본으로 묶어 장식한다.

참고문헌

박정아(2003). 초등미술교육에서의 ICT활용방안 연구. 단국대학교 교육대학원.

김정·조정숙(2001). 유아미술교육. 한국방송대학교출판부.

심재영(1998). 조형활동. 서울: 선화교육사.

심재영(1999). 영유아 미술활동. 서울: 창지사.

오종숙(1998). 유아미술교육의 이론과 실제. 서울: 양서원.

한국미술교과교육학회(2004). 유아미술교육학. 서울: 학문사.

박정아·안미정(2007). 어린이 북아트. 서울: 한국아동미술교육.

Loweneld, V. & Birttain, W. L. (1982). *Greative and mental growth*. NY: Macmillan pub. co. Inc.

Eisner, E. W. (1972). *Educating Artistic Vision*. The Macmillan pub. Co. Inc.

Jenkins, P. D. (1980). *Art for the fun of It a caide for Teaching Young Children*. PrenticeHall Inc.

저자소개

박정아

약력

단국대학교 교육대학원 미술교육 전공
전 〈꼬망세〉, 〈월간유아〉 유아미술 프로그램 집필
전 한양여대, 고려사이버대, 서경대, 세종사이버대, 청주대 아동미술 강의
KBS 뉴스타임 쉽게 만드는 나만의 책, EBS 라디오 부모 멘토 출연
교육청, 유치원, 초등학교 교사연수 다수 강의
현 즐거운 책 만들기 교실 대표

저서

2006년 생각이 자라는 즐거운 책 만들기(예경)
2007년 Step by Step 어린이 북아트(한국아동미술교육)
2009년 아이들과 함께 팝업북 만들기(예경)
2010년 엄마표 미술놀이 홈스쿨(청어람미디어)
2011년 감성 미술 놀이(경향에듀)
2011년 방과후 어린이 북아트(예경)
2012년 친환경 만들기 놀이(청어람미디어)

개정
연간 미술 교육 프로그램에 의한
유아 미술 활동 지도

초판 1쇄 발행 2004년 3월 9일
초판 7쇄 발행 2012년 7월 25일
개정 2쇄 발행 2017년 8월 24일

지 은 이 | 박정아
펴 낸 이 | 김기섭
편 집 인 | 이혜란
펴 낸 곳 | 창지사 www.changjisa.com
08589 서울시 금천구 가산디지털 1로 83 파트너스타워1차 9층
전화 (02) 719-2211~3
팩스 (02) 701-9386
등 록 | 1977년 4월 28일 · 제1-421호

ISBN 978-89-426-0829-4 (93370)

값 22,000원

「이 도서의 국립중앙도서관 출판예정도서목록(CIP)은 서지정보유통지원시스템 홈페이지(http://seoji.nl.go.kr)와 국가자료공동목록시스템(http://www.nl.go.kr/kolisnet)에서 이용하실 수 있습니다.(CIP 제어번호 : CIP2015032268)」